# 君たちは平和をどう守るのか

95歳、元広島市長からのメッセージ

平岡 敬

南々社

# 君たちは平和をどう守るのか

95歳、元広島市長からのメッセージ

まえがき

# 日本はこのままで大丈夫か

このところ、私は二つの問題を前にして、焦燥感に駆られ、苛立っています。一つは、日本はこのままで大丈夫か、ということ。もう一つはウクライナ戦争の成り行きで、この二つは深いところでつながっています。

岸田首相は日米同盟を最優先して米国の対中政策に追従し、これまで積み重ねてきた日中平和友好条約に基づく対中外交を転換して、中国を敵視するようになりました。そのため、日中関係は悪化し、このままでは米中対決の渦に巻き込まれ、中国と戦争になる恐れが出てきました。万が一、日中戦争となれば、日本は再び焦土となるでしょう。

歴史を振り返ると、あの時こうしておけばよかったのに、と思うことがたくさんあります。日本はなぜアジア太平洋戦争を始めたのか、なぜ反対の声が上がらなかったのか、なぜ国民は戦争に熱狂したのか――次々に疑問が起こります。

最大の原因は、国民が本当のことを知らされていなかったことです。戦前は治安維持法があって、国の方針に逆らうと罰せられましたし、新聞、ラジオ、雑誌も真実を伝えることができませんでした。むしろ、逆に戦争を賛美し、国民の愛国心を煽ってきました。

敗戦後、すべての新聞は過去の報道を反省し、民主主義と言論の自由を守ることを誓って再出発したのです。ところが、近年、日本が憲法を無視して軍事国家へと舵を切ったのに、マスメディアは沈黙し、ウクライナ戦争に便乗して軍備増強へ太鼓を叩いています。周辺諸国との平和な関係をつくることに関心がなく、利権まみれと保身一筋の政治家に日本の将来をまかせておいてよいのか、という思いが強くなるばかりです。

もう一つの問題は、ウクライナ戦争の終わりが見えないことへの心配です。毎日、多くの死者が出ているにもかかわらず、停戦への動きが見えません。戦争否定の憲法を持つ日本は、平和へのリーダーシップをとることなく、ウクライナ支援に血道を上げています。

最も懸念しているのは、米国がクラスター爆弾、英国が劣化ウラン弾をウクライナに供与し「もっと戦え」とけしかけていることです。この兵器はいずれも非人道兵器であり、その使用を認めると、同じような非人道兵器である核兵器使用への道を開くことになりかねず、ウクライナ戦争が新たな段階に入るかもしれません。また岸田首相はNATO（北大西洋条約機構）との連携を打ち出していますが、きわめて危険な選択です。NATOがロシアと戦争を始めたら、日本も自動的に極東ロシアと戦火を交えることになるからです。

マスコミ育ちの私は、今こそ「戦争反対」の声を上げなければ、戦前の過ちを繰り返すことになるという危機感を抱いていました。たまたまワールド・フレンドシップ・センターからの依頼で、2023（令和5）年1月28日に、「記憶と継承」と題して講演しました。この講演を聞いた南々社の西元俊典さんから「出版して若い人に伝えたい」との話がありました。

世の中には、話し言葉がそのまま原稿になるような話上手な人がいます。しかし、私は新聞で育ったので、しゃべりは苦手です。西元さんは私の下手な講演の内容に、インタビューを重ねて補足し、また私の著書の一部を組み合わせて本書が出来上がりました。厄介な作業を仕上げた西元さんに感謝申し上げます。

日本全体がロシア叩き、中国叩きに狂奔しているとき、私のように話し合いが大切だという主張は袋叩きにあうでしょう。しかし今の時流に乗って、勇ましいことを言う人こそ卑屈な心の持ち主です。

若い人たちに言いたいことは「戦争は絶対悪」ということです。戦争になれば、戦わされるのは君たち若者であり、犠牲になるのは高齢者、女性、子どもたちです。

オールドメディア、ネットメディアの情報を冷静に受け止め、感情に流されるのではなく、知性で物事を判断してほしい。孤立を恐れず、自分の信念を貫こう。そして仲間とともに自分たちの未来を考えよう。希望ある未来社会をつくるのは君たちなのです。

2023年10月

平岡 敬

もくじ

# 6章　今こそ「戦争反対」の声を上げよう

# 1章

# ヒロシマのこころ

平和について語る
（2023〈令和5〉年3月）

## ■G7広島サミット2023

2023年（令和5）年5月19、20、21日の3日間、広島市においてG7サミット①（先進7か国首脳会議）が開催され、日本、アメリカ、カナダ、イギリス、イタリア、フランス、ドイツおよび招待国の首脳らが、さまざまな問題を討議しました。ウクライナのゼレンスキー大統領も電撃的に来日し、ロシアへの反転攻勢に向けた支援を訴えました。

2016（平成28）年に、アメリカのオバマ大統領が広島を訪れた時に、オバマ大統領と安倍首相がヒロシマを自分たちのレガシー②をつくるための舞台にしたように、今回のG7もヒロシマが貸し舞台になってはいけないなという思いがありました。岸田首相はヒロシマを政権維持の道具として利用するのではないか、という気がしていたのです。

岸田首相が自ら、戦争をやめましょうと言って本当の意味で平和の道を開く、きちんとそれぞれの首脳との会談を果たす、というリー

**①G7サミット**
フランス、米国、英国、ドイツ、日本、イタリア、カナダの7か国の首脳および欧州理事会議長・欧州委員会委員長が参加して、毎年開催される国際会議。世界経済、地域情勢など、地球規模の課題について意見交換を行う。今回の日本での開催が7回目。

**②レガシー**
英語で「遺産」「形見」を意味する。日本語では「過去から引き継いだもの」「未来へと引き継いでいくもの」の意味で使われる。政治家や行政文書に関連して使われる場合は、道路や施設などのハード面のほか、経済効果・国際協力関係などのソフト面も含まれる。

ダーシップが取れればいいと思っていましたが。いかんせん、サミット首脳たちと一緒になってウクライナを応援しましょう、ということになってしまい、さらに中国敵視を明らかにしたことは、日中関係の将来に禍根を残すことになりました。

## ■正月の不愉快

ところで、２０２３年の元旦。お屠蘇をいただきながら今年もたくさんの年賀状に目を通し、ご無沙汰続きの友人や知人の健在を確認して、穏やかなひと時を過ごしました。

通常ならこのように、新年は明るくめでたいものですが、実のところ私にとって、今年は憂鬱で晴れ晴れとしない年明けだったのです。理由は、ロシアのウクライナ侵攻が続いていることや、日本の防衛戦略が大転換したことへの懸念が頭の中を駆け巡っていたからです。

岸田政権は「我が国を取り巻く安全保障環境が急速に厳しさを増

す中」という決まり文句を繰り返し、昨年末に、外交・防衛の基本方針である「国家安全保障戦略」③、日本の防衛力整備の指針である「国家防衛戦略」④、具体的な装備品の整備の規模や防衛費の総額を規定する「防衛力整備計画」⑤の安保関連の三文書⑥を、国会での議論もないまま閣議決定しました。

敵基地攻撃能力の保有を明記し、専守防衛⑦という我が国の外交・防衛政策は根本から変わりました。この政策転換は、周辺国の警戒心を呼び起こし、地域の不安定化や軍拡競争のきっかけにつながる恐れがあります。

岸田政権の軍事傾斜に腹を立てていた私は、平和活動をしている知人への年賀状に「アメリカの走狗《そうく》となった岸田は広島の恥です」と書きました。走狗というのは狩りの時、狩人の主人に使われる犬のことで、手下という意味です。皆思いは同じなのか、多くの人から日本の軍国化への懸念を書いた賀状が届きました。

**③国家安全保障戦略**
国の安全保障の基本方針として、外交、防衛、経済安保、技術、サイバー、情報等の国家安全保障戦略に関連する分野の政策に指針を与えるもの。豊かで平和な社会を引き続き発展させていくために、国益を長期的視点から見定めた上で、国際社会の中で日本の進むべき針路を定めるとしている。

**④国家防衛戦略**
防衛の目標を設定し、それを達成するために、防衛力の抜本的な強化や国全体の防衛体制の強化、同盟国・同志国等との協力方針について示したもの。

**⑤防衛力整備計画**
自衛隊の体制や向こう5年間の経費の総額・主要装備品の整備数量など、国として保有すべき防衛力の水準を示し、その水準

## ■1枚の写真

1月13日（日本時間）、岸田首相は米国を訪問し、14日にバイデン大統領と会談を行いました。手土産は防衛予算倍増で、米国の武器が売れると喜んだバイデン大統領から大歓迎されました。

一連の報道で私が驚いたのは、バイデン大統領が岸田首相の肩に手をかけた写真です。一見、親愛の情の表れのように見えますが、これは格下の人間に対する態度です。敬意を表すべき相手の肩に手をかけることはありません。親しみを表すなら、欧米のようにハグする（肩を抱き合う）か、握手するのが普通ではないでしょうか。

私には、まるで子分のような岸田首相に「よくやったな。よしよし」と言っているように感じられ、それを岸田首相が何も感じずに喜んでいる様子に、あれはないな、と思いました。まるで日米関係の縮図を見ているような気がしたのです。

いま世界の中で、日本の立ち位置は大きく変わっています。かつては世界が認める経済大国だったのですが、今や労働者の賃金は安

を達成するための中長期的な整備計画。

**⑥安保関連の三文書**
政府は2022（令和4）年12月、防衛費の大幅な増額や反撃能力の保有などを盛り込んだ新たな防衛三文書を定めた。防衛費は国内総生産（GDP）比で2％に倍増する。外交・安全保障の最上位の指針である「国家安全保障戦略」には、課題として中国、北朝鮮、ロシアについて記述がある。

**⑦専守防衛**
防衛省HPによれば、「相手から武力攻撃を受けたときにはじめて防衛力を行使し、その態様も自衛のための必要最小限にとどめ、また、保持する防衛力も自衛のための必要最小限のものに限るなど、憲法の精神に則った受動的な防衛戦略の姿勢」と説明されている。

くGDP[8]（国内総生産）も低い。経済成長率も低下しており国力がすごく落ちた感じです。

これから人口も急激に減っていくでしょうから、なかなか希望が見いだせない。そういう状況の中で、どういう国をつくるかということを考えないといけません。軍事大国になるのではなく、近隣の国と仲良くして日本の安全を守る道を行くしかない、と思います。

## ■核の傘で日本を守ることができるのか

広島一区から選出され、「核兵器のない世界」の実現がライフワークと言っていた岸田首相が、国民への説明も国会での議論もなしに、日本を、戦争をしない国から戦争をできる国に、さらに戦争をさせられる国にしてしまったことは、戦争を否定し平和な世界の実現を目指す広島の願いとは相容れません。戦争への道を開いた岸田首相を送り出したことを、広島市民は恥ずかしく思わなければなりません。

⑧GDP
「国内総生産」のことで、Gross Domestic Productの略称。一定の期間に国内で生産された物やサービスの「付加価値＝生産活動によって新たに生み出された価値」の合計をいう。付加価値は賃金や企業の利益、税金などに分配される。

1月23日、岸田首相は衆議院本会議および参議院本会議で、第211回国会における施政方針演説を行い、次のように言っています。「今回の決断は日本の安全保障政策の大転換ですが、憲法・国際法の範囲内で行うものであり、非核三原則⑨や専守防衛の堅持、平和国家としての我が国としての歩みをいささかも変えるものではない」

けれども、敵基地攻撃能力の保持は明らかに憲法9条⑩違反であり、米国の核に頼る防衛戦略は非核三原則の精神に反するものです。こうした言行不一致は、すべての日本の政治の劣化・退廃を示すものです。ここ5年の間に、森友・加計学園問題、公文書改ざん、「桜を見る会」とその前夜祭の問題、統計改ざん問題、選挙買収した河井克行陣営への自民党による1億5000万円の提供、安倍元首相と統一教会との癒着など、国民の不信を招いた不祥事は枚挙に暇がありません。これらがすべて解明されることなく先送りされ、政治腐敗に歯止めがかからないのです。

岸田首相は本来、このような安倍政治を清算し、国民の政治への

**⑨非核三原則**
核兵器を「持たず、作らず、持ち込ませず」という、日本政府の核に対する基本方針。1968（昭和43）年、佐藤栄作首相が国会で言明し、1971（昭和46）年の衆議院本会議で、沖縄返還協定に関連して「沖縄返還時に適切なる手段をもって、核が沖縄に存在しないこと、返還後も核を持ち込ませないことを明らかにする措置をとるべきである」との決議が行われた。

**⑩憲法9条**
「日本国民は、正義と秩序を基調とする国際平和を誠実に希求し、国権の発動たる戦争と、武力による威嚇又は武力の行使は、国際紛争を解決する手段としては、永久にこれを放棄する。
2　前項の目的を達するため、陸海空軍その他の戦力は、これを保持しない。国の交戦権は、これを認めない」（憲法9条条文）

信頼を取り戻すべきであったにもかかわらず、台湾有事⑪は日本有事だと騒ぎ立て、軍備増強を目指した安倍路線を一層強く推し進めているのが、残念です。

昨年暮れ、テレビ番組の「徹子の部屋」で、黒柳徹子さんに「来年はどんな年になるでしょうか」と問われたタモリさんが、「新しい戦前になるんじゃないでしょうか」と答えて、「新しい戦前」という言葉が話題となりました。これはこの言葉が、今の時代の空気感を表現しているからでしょう。

まっとうな政治が行われず、国民の間に格差が広がり、物価は高騰し、将来の展望が持てない。中国を敵視して軍備を増強する政権に、メディアはブレーキをかけられず、危機感を煽ってばかりいる。このままでは、また戦争が始まってしまうのではないか。そうした不安感を「新しい戦前」という言葉が表現しているのだと思います。

次に紹介するのは、今から40年前、私が『無援の海峡』(影書房、1983年)の中で述べた一節ですが、現在の日本の状況とよく似ているのではないかと思います。

**⑪台湾有事**
台湾有事とは中国が台湾に軍事侵攻すること。中国は台湾を不可分の領土とし、「一つの中国」の原則は国際社会の普遍的な共通認識だと主張。中国共産党はこれまでにも数度にわたり台湾に軍事的な圧力をかけている。一方、米国は台湾有事の際には軍事的な関与も辞さないとの発言を重ねている。

35年前の広島・長崎の原爆被害の実態について、繰り返し語ることがもはや時代遅れであるかのように感じさせる雰囲気が、いつの間にか私たちの周囲に生まれている。それは、人々の記憶のなかから戦争の影が薄らぎ、戦争を知らない世代が多数を占めるようになったことや、国際政治情勢変化と無関係ではない。米国は日本の防衛力の増強を要請し、中国は日米安保条約⑫を支持するようになった。このような状況と対ソ脅威論をベースにして、経済界からは防衛産業育成を待望する声が上がり始めた。明らかに気流が変わったのである。その変化のなかで、核軍備競争の危険や核戦争の恐怖を軽視する傾向が次第に強まってきている。

　しかし、私たちはいま、疑いもなく「核による破滅」と背中合わせの存在なのである。そのことを思い知らせるニュースが、このところ相次いでいる。たとえば、米国ではコンピューターの故障から、最近二度にわたりソ連との核戦争の非常警戒態勢に入った。中国は大陸間弾道弾⑬の実験に踏み切り、フランスは中性子爆弾導入の検討を始めた。そして、ストックホルム国際平和研究所

**⑫日米安保条約**

1951（昭和26）年に結ばれた旧日米安全保障条約では、日本は米軍を国内に駐留させることなどが定められていたが、米国が日本を防衛する義務は明記されていなかった。そのため1960（昭和35）年、岸信介首相のときに改定に向けた努力を重ね、米国に日本防衛の義務が課された。

**⑬大陸間弾道弾**

核弾頭を装備し、ロケット推進により数千キロにわたる長距離を飛行させ、レーダー装置によって敵の中枢を攻撃する戦略兵器（ICBM）。1957（昭和32）年に旧ソビエト連邦が実験に成功し、翌年配備。1959（昭和34）年には米国が、その約20年後には中国が配備した。

は1980年の年次報告で、世界の軍事支出は5000億ドルに達し、世界戦争が発生する可能性があると警告した。

事態は極めて深刻である。それゆえにヒロシマ・ナガサキを語ることは決して時代遅れではなく、いまこそ世界の破局を避けるために、一層声を大きくしなければならない時なのである。

（1980年7月）

また、別の一節でも、次のように書いています。

36年前の夏、生き残った腹ペコの日本人は焦土に立って、「もう戦争はゴメンだ」と思った。不戦を誓い、平和を渇望した。みんな戦いに疲れ、多かれ少なかれ戦争で傷ついていた。だが、いま、あの戦争体験ははるかに遠い。だれもが腹いっぱい食べ、平和にあきあきしているようにみえる。もっともっと軍備を増強しなくては国の安全が保てないという声も大きい。

戦後、私たちが守ろうとしてきたものは、平和と自由と民主主

**⑭集団的自衛権**
国際法上、自国と密接な関係にある外国に対する武力攻撃を、自国が直接攻撃されていな

義である。それらは外からの攻撃で失われようとしているのではなくて、私たち社会の内部から腐食し変質しつつあるのではないか。エゴイズムと金権主義が大手を振っている社会に、守るに値するものはあるのか。戦争の口実はいくらでもある。核攻撃を受けることを想定してまで、私たちが守らなければならないものはいったい何なのか。8月は、このようなことをめぐって、戦争による死者たちと対話する季節である。（1981年8月）

---

今、まさに当時と似たような時代背景のもと、集団的自衛権⑭の問題や憲法解釈の見直しの議論も再燃しています。非核三原則を唱えながら米国の核の傘⑮に守られ、一方で自主防衛能力の一層の強化を図る――これは、まさにあの頃の日本の状況と酷似しているといえるでしょう。

いにもかかわらず、実力をもって阻止することが正当化される権利。これは国連憲章で認められているが、日本の歴代内閣は「憲法9条との関係上行使できない」としてきた。だが2014（平成26）年、安倍晋三内閣は「あくまでも国の存立を全うし、国民の命と平和な暮らしを守るための必要最小限度の自衛の措置を認めるだけ」と、行使を認めることを閣議決定した。

**⑮核の傘**
核保有国が、その核兵器の抑止力を提供して、自国および友好国の安全維持を図ること。米国は、同盟国が核攻撃にさらされれば、自国の核兵器で報復することを約束して核の傘を差し伸べている。日本は唯一の戦争被爆国だが、核の傘に頼っているため、核兵器禁止条約を批准していない。

## ■ヒロシマのこころ――あらためて「8・6の持つ意味とは」

これまでにヒロシマ・ナガサキの教訓を人類の未来に生かしたいと願う人々は、さまざまな方法で、世界に向かって原爆の悲惨さと核兵器の禁止を訴えてきました。核実験が行われるたびに、広島市長は実験国へ抗議文を送り続け、抗議回数はこれまでに614回を数えています（2022〈令和4〉年4月13日現在）。

けれども、こうした働きかけが、海外では必ずしも私たちが思うようには受け止められていないことは、核軍備競争が加速し続けている世界の現状を見れば明らかです。アメリカが1945（昭和20）年に最初の核実験を行って以来、これまで各国が行った核実験は2000回を超えているのです。

ヒロシマのこころを伝えたいと平和活動をしている人たちに言いたいのは、絶望しないことです。今の政府のやり方や世界の状況を見ていたら、平和を訴えることが厳しくなってきている状況ですが、粘り強く訴え続けるしかないと思います。それは、メディアもそうですが、志というのは大事なのです。何のために平和活動をやっているのか、自分の思いがあるわけです。

日本で「平和」を言ったら、国賊というか反国家的行動である、という時代がきたら、それは大変です。そうならなければいいとは思いますけれど、これからは、相当覚悟がいるなと思います。そういう時に頑張れるかどうか、というのは、非常に疑問です。抵抗すると、戦前はみなそうだったのですが、監獄行きとなる。そういう時代がきたら遅いですから、ものが言える間に、しっかり言っておくべきだと思います。私もこの歳になって、そういう時代がきたら大変になると思い、意思表示をしておかないとダメだと言っています。

ただ、選挙制度の仕組みもあり、その意思表示が今、きちんと政治に反映されないようになっています。これからは、平和活動が反国家主義だと言われる可能性がないことはない。その最悪の事態を考えて、自分はどうするかを考えて、そういう時代が来ないように頑張らないといけない、と思います。誰だって殺されるのは嫌だし、自由な発言はしたい。それができなくなる時代が、戦前の歴史を学ぶとあるのです。今、その方向にちょっと向かっているのではないかという気がするのです。

ヒロシマのこころを、人々にもっと浸透させていくにはどうすればいいか、というと、まず近隣でサークル活動というか、仲間を増やしていくしかない。ただ、政治信条はそれぞれあり、政治の話をすると喧嘩になったりして非常に難しいです。なかなか正確な答えは出にくいし悩むしかないのですが、自由と平和を守るという志を持ち続けることが大事です。

核は日に日に増え続け、世界の時計の秒針は、破局へ向けて刻一刻と進んでいます。

「これまでの歴史の過渡期に生じた犠牲と違って、核戦争が始まれば人類はおしまいなのである。それゆえ、私たちにとって8月6日の持つ意味は重い」（『無援の海峡』）

# 2章

# 朝鮮で過ごした少年～青年時代

京城帝国大学予科の校門にて
（後列中央）

## ■教科書の「進め、進め」

1章で「新しい戦前」について触れましたが、では前の戦前（以下、戦前）――アジア・太平洋戦争の前の時代を指します――とは、どんな時代だったのでしょうか。戦後生まれた人も80歳近くになっているので、戦前の時代の空気を実感した人は、もう少なくなっています。戦前とは、日本が中国大陸に進出し、１９３１（昭和６）年に満州事変①を起こして日本の傀儡②《かいらい》国家である満州国をつくりましたが、国際社会から非難され、孤立の道を歩み始めた頃です。

私は１９２７（昭和２）年に大阪で生まれました。父は広島県神石郡神石町（現・神石高原町）出身で、25年も村会議員を務めた祖父の三男です。庄原実業を経て大阪へ出ていきました。ちなみに長男は牧特定郵便局長で、次男が安楽寺という山寺の方丈(住職)です。父は田舎の人間だからコンプレックスがあったのか、都会へのあこがれがあったのか、当時の言葉でいえば「ハイカラ趣味」で、新しい物が好きでした。時計のついた蓄音機とか、35㎜フィルムの手回

**①満州事変**
１９３１年、奉天《ほうてん》（現在の瀋《しん》陽《よう》）郊外の柳条湖《りゅうじょうこ》の南満州鉄道の線路が爆破された。これは満洲への武力進攻を企てていた関東軍による謀略で、翌年、日本は関東軍の樹立した傀儡国家である「満洲国」を承認。その後１９３３（昭和８）年には国際連盟を脱退した。

**②傀儡**
自分の意志や主義を表さず、他人の言いなりに動いて利用されている者。国家の場合、形式的には独立しているが、実質的には他国によって操られている政権を指す。

しの映写機とか、カメラとか、新しい物が出たら買ってきていました。そのおかげか、私の子どもの頃の写真もたくさん残っているのですが、1歳で足が届かないのに三輪車に乗っている写真もあります。

私の最初の記憶は、1930（昭和5）年7月30日です。3歳の時で、その日に弟が生まれたのです。当時は家でお産をしていましたので、産婆さんが朝から来ていて、私は、手伝いに来ていた母の妹（叔母）に外に連れ出されました。一緒に手をつないで歩いていく時、非常に悲しい思いをしたのを覚えています。出産だと理解できず、母の身に大変なことが起こったのではないか、母と一緒にいたいなと思ったのでしょうね。

三輪車と（1928〈昭和3〉年10月）

父は赤ん坊の名前をつけるために、私が生まれたらすぐに占い師を訪ねていました。私の時は「淳作」とつけてもらって帰ってきたのですが、母が「作」なんて田舎臭いとものすごく反対して。それで当時心酔していた平民宰相の原敬にちなんで「敬《たかし》」となりました。弟の時もやはり占い師の所で「淳助」という名をもらいましたが、助がおかしいと再び母の猛反対にあい、「晟《あきら》」という名になりました。

１９３４（昭和９）年、私は大阪市北田辺尋常小学校に入学しました。この年から国語の教科書の挿絵がカラーになりました。最初のページは「サイタ　サイタ　サクラガサイタ」という文に桜の絵が添えてあり、次は「コイ　コイ　シロコイ」で犬の絵。次は「ススメ　ススメ　ヘイタイススメ」とあって、兵隊が登場します。軍国主義教育③の第一歩です。

教科書はもちろんですが、文部省唱歌も各学年ごとに軍人賛美の歌がたくさんありました。一年生の「兵隊さん」から始まり、日清戦争の黄海海戦で戦死した「勇敢なる水兵」、日露戦争での旅順港閉塞作戦で散った「広瀬中佐」、さらに日中戦争で爆薬筒を抱いて

**③軍国主義教育**
満州事変以降、教育の戦時体制への切り替えが強調され、１９３９（昭和14）年には大学の軍事訓練を必修とした。１９４１（昭和16）年には体育局を新設し、戦時下の児童・生徒の保健・体育を強化。さらに国民学校制度を実施し、皇国の道に則る皇国民の錬成という戦時教育目的を強化した。

敵陣に突っ込み突破口を開いた「肉弾三勇士」など、戦死した軍人を称える歌を、私たちは歌っていました。

同年の秋、室戸台風が関西地方を襲い、死者・行方不明者約3000人、家屋全壊4万3000戸という、空前の被害を出しました。学校校舎の倒壊も多く、教師や生徒にも多数の死傷者が出ました。私は小学校の1年生でしたが、当日朝、ランドセルを背負って家を出たものの、傘は吹き飛ばされ、屋根瓦が空を舞っているのを見て、早々に家に逃げ帰って無事でした。台風一過の後、近くの桃ヶ池（大阪市阿倍野区桃ヶ池町）があふれ、近所の路地で友人と魚を追い回した記憶があります。

幼稚園の頃

この大型台風により、運送業を営んでいた父は大きな損害を被り、高潮も重なって木津川べりにあった事務所も流失し、私たちの生活の平穏が失われました。

その2年後、父は、朝鮮・満州で木材を中心とした事業を手広く展開していた母方の祖父に呼ばれ、家族を残して朝鮮へ渡ったのです。

祖父は、ソ連との国境に近い咸鏡北道慶興郡雄基邑で木材・鉱業・貿易の会社を経営し、小規模なコンツェルン「親和グループ」を形成していました（1939〈昭和14〉年本社を京城に移転）。そこで父は炭鉱を経営する親和鉱業の責任者となりました。炭鉱ではおそらく多くの朝鮮労働者が働いていたと推測されます。2009（平成21）年、新潮社から出た『日本鉄道旅行地図帳　朝鮮・台湾』の地図に親和鉱業の専用線が記載されていて、それを見ると、当時の植民地支配の状況を偲《しの》ぶことができます。

## ■学芸会「水兵の母」

１９３７（昭和12）年、小学3年生を終えた春休み、９歳の私は３人の弟妹と共に母に連れられ、敦賀からウラジオストクへ向かう３４００トンの「さいべりあ丸」に乗り、父のいる朝鮮半島北端の、雄基《ウンギ》という小さな港町に向かいました。２日目か3日目かの寒い午後、羅津《ラジン》に到着し、そこからハイヤーに乗り、山道を縫って雄基まで走りました。途中目にした赤茶けた山肌や、軒の低い貧弱な民家には見知らぬ土地へやってきた心細さを感じましたが、久しぶりに家族が揃った一家団

家族とともに
（左から２人目、1938〈昭和 13〉年）

欒に、寂しい気持ちがすっかり慰められたのです。④オンドル部屋の温もりも、炊事場で働く手伝いのおばさんの服装や朝鮮語も、雄基の小学校での遠足の時のスズランの甘い香りも、私にとっては新鮮で珍しいものでした。これがその後、途中で帰広して広島の小学校へ通った約2年を除き、敗戦まで過ごすことになった⑤植民地・朝鮮との出会いでした。

その年の7月には日中戦争（宣戦布告をしないので支那事変と言っていました）が始まり、夏の終わりには練習航海中の軍艦「八雲」が入港し、辺境の町は歓迎ムードに包まれたりもしました。

私は小学4年生から雄基公立尋常高等小学校に転校し、5年生にかけて1年半近くをこの港町で過ごしましたが、再び広島の学校に転校することになりました。雄基は田舎で中学校がなかったため、父は私を進学させようと、叔母（母の妹）の家がある広島市の己斐へ帰らせたのです。叔父が小学校の校長で、本川小学校の校長と仲が良いという縁があったので本川小学校に転校し、己斐の家から電車で通学しました。近所の子はみな、己斐小学校に通っていたので

**④オンドル部屋**
朝鮮半島ではオンドルという床暖房が使われていた。部屋の床下に石でトンネルのような通り道を作り、台所で調理する時の煙が、その通り道を通って外にある煙突から出ていくようにし、床を暖めるようにしたもの。

**⑤植民地・朝鮮**
1910（明治43）年、日本と大韓帝国（韓国）は韓国併合条約に調印。内容は韓国皇帝が韓国の統治権を日本の天皇に譲与する、日本政府は韓国の資産を管理・運用する、旧韓国国民に対し保護を与え福利増進を図り官吏に登用するなどで、大韓帝国の名は廃され朝鮮となった。日本は1945（昭和20）年の敗戦までの35年間、朝鮮半島を植民地支配した。

仲間はずれになり、叔母のところの従姉妹の女の子たちとばかり遊んでいました。当時、本川小学校と袋町小学校のみ鉄筋コンクリートの校舎だったので、子どもにとってはそれがとても誇りに思えて、「本川小学校、いい学校。○○小学校、ボロ学校」などと囃子立てては、他の小学校の生徒と対立したりしていました。

本川小学校の学芸会では「水兵の母」という劇をやり、「国のためにしっかり尽くせ」という母親の手紙を朗読しました。また先生に引率され、鯉城通りの現在の広島銀行本店の前あたりに並んで、中国大陸に行く兵士を見送ったこともあります。兵士たちは西練兵場⑥を出て鯉城通りを南に下り、鷹野橋、御幸橋を経て、宇品から中国へ向かったのです。広島が軍都であった頃の光景です。

今思い返すと、軍国主義の兆候が次第に強くなっていく様子が感じられるのですが、子どもだった私は何も感じませんでした。戦争は遠く離れた中国で行われていたため、国民は戦争の実態を実感することはなかったのです。人々は、宇品出身の力士・安藝ノ海が、双葉山の70連勝を阻止した快挙に沸いていました。

**⑥西練兵場**
旧西練兵場（現・広島市中区基町）は元々、1875（明治8）年、広島鎮台の練兵場として設けられ、兵士に対して戦闘に必要な訓練を行っていた。1890（明治23）年に東練兵場（現広島市東区、広島駅北側）が設けられたため、西練兵場といわれるようになった。

## ■植民地のエリート中学校へ進学

父の会社がどんどん大きくなって、本社を朝鮮の京城（大韓民国の首都ソウルの日本の植民地時代の呼称）に移したので、１９４０（昭和15）年4月、私は京城に帰り、京城中学校に進学しました。日本の植民地を統治できる人材を教育するエリート校で、国策に沿った学校でした。校歌も日本だと美しい景色とか理想とかを歌っていますが、京城は植民地だからか「仰げ旭日あまねき光 皇御国《スメラミクニ》の久遠の姿」といった歌詞もあり、国家主義的な内容でした。朝鮮民族を意識していたのでしょう。

1年生の時、皿とナイフとフォークを印刷した紙を前に置いて、洋食の作法を習う時間がありました。やはり朝鮮民族を意識したもので、日本人は他民族より優秀なのだというのが根底にあり、ヨーロッパのマナーはすべて身に付けないといけないということだったと思います。植民地にいる日本人はエリート意識がとても強く、朝鮮人には絶対馬鹿にされるな、喧嘩しても負けるな、と偉そうにし

京城中学校時代（左端）

ていました。

クラスに1~2人、朝鮮人はいましたが、彼らは高《こう》麗《らい》および李氏朝鮮時代の特権的な官僚階級であった⑦両《ヤン》班《バン》の子弟で、一般的な朝鮮人と日本人の社会は、通う学校も含めて完全に分かれていました。例えば買い物する際、日本人は「三越」百貨店、朝鮮人は「和信」を利用していました。朝鮮の庶民は「コムシン」というゴム靴や金属の食器を使うのですが、三越では扱っていなかったのです。また

**⑦両班（ヤンバン）**
朝鮮の高麗・李朝時代の特権的な官僚階級。文班（文官）、武班（武官）を合わせて両班といい、官位・官職を独占世襲し、兵役・賦役の免除のほか種々の特権・特典を受けた。朝鮮王朝は典型的な儒教国家であり、儒教は人間の身分の違いを認める思想があるため、厳格な身分制度が採用されていた。

日本式の生活をするようにと、日本式の名前に変えさせたり、神社を参拝するよう日本式の生活スタイルを強制したりもしていました。

中学校時代、夏休みが終わって新学期が始まると、いわゆる「内地」に墓参りに帰ったことなどを、クラスメートたちは話すのですが、「内地の赤帽は日本人だった」とか「電車の運転手も日本人だった」など、植民地で育った子どもにとっては、全くの新しい発見として会話に登場したのを覚えています。植民地で生まれ育った子どもにとっては、それらは朝鮮人がやるものだという認識があり、いわば底辺労働を日本人がやっていることに驚きを感じたということです。日本人は楽をして、つらい仕事はすべて朝鮮人がやる、という生活を15~16歳の私も当然のこととして受け止めていました。

1941（昭和16）年、私が中学2年生の時、日本は真珠湾を奇襲してアメリカ・イギリスとの戦争に突入しました。政府は新聞やラジオなどを通じて国民の戦意高揚を図ります。「鬼畜米英」と言って敵への憎悪を煽り、英語の使用を禁止し、男性は国民服に丸刈り頭、女性はパーマネントができなくなり、これに反すると「非国民」とののしられるようになりました。治安維持法があるので、戦争反対や政府批判の声も出すことができなかったのです。

朝鮮でも、戦争が激しくなってくると、朝鮮の酒ではなく日本酒を飲めとか、朝鮮語を禁止して日本語を使えとか、統制が厳しくなっていきました。だから、私は朝鮮語を覚えていないのです。単語や、子どもの時の喧嘩言葉などは知っているのですが、これは使えないですね。

中学の時から軍事教練[⑧]があり、「日本人の心を持て」といわれていました。文武両道を目指して、柔道や剣道、銃剣術を習い、擬製弾を使った射撃訓練など、軍隊の真似事のようなことをしていました。サッカーもあったのですが、これは朝鮮人が強かったですね。

## ■予科の学生としてアルミニウム工場に動員

1943（昭和18）年、中学4年生（16歳）になった時、旧[⑨]制京

**⑧軍事教練**
1925（大正14）年以降、学校で学生・生徒を対象に行われた、陸軍将校による軍事に関する訓練。男子の中等教育以上の教育機関において、1925年から1945年の敗戦まで実施された正課の軍事教育。行進からほふく前進、銃の取り扱い、手りゅう弾の投げ方などを訓練した。

**⑨旧制京城帝国大学予科**
京城帝国大学は、東京、京都、東北、九州、北海道に続く日本で6番目の外地では最初の帝国大学として1924（大正13）年に創立された。予科は旧制大学に附属し、専門教育を行う大学本科（学部）進学のための前段階となる旧制高等学校に準ずる課程。

城帝国大学予科（朝鮮総督府所管として設置されました）を受験し、理科乙類に入りました。予科は、旧制の大学で、主として中学校卒業者を対象とした大学本科への入学以前の高等普通教育課程のことです。中学4年修了で入学したため上級生が同級生になりますから、2年浪人した人が一緒になったら、「～君」なんて言えなくて、半年くらい経ってようやく「～君」と、言い出したことを覚えています。理科乙類は医学部進学コースで、ドイツ語を第一外国語として学んでいました。

父は軍医なら前線に出なくても済むと思っていたようです。後に母から聞いたのですが、私が予科に入ってすぐ、「敬が将来、医者をする時に必要だから」と、ソウルの街中に土地を買ったそうです。足が届かないのに三輪車を買って私を乗せたように、とにかく気が早いのですが、今から思えば愛情の表れだったのでしょう。

この頃の日本や朝鮮は、まだ物資がありました。日本へは南朝鮮（今の韓国）から米が入ってきていました。戦争末期（1945〈昭和20〉年）になるとあまり物がなくなり、砂糖の代わりにサッカリンなどの代用品を使ったりしていました。

中学の時は1学年200人中、朝鮮人は数えるほどしかいなかったのですが、予科に入ると、40人の私たちのクラスには10人近い朝鮮人がいました。戦争が激しくなってからは朝鮮人も日本人も同じという「内鮮一体」⑩ということが強調され、それを示す意味でもあったと思います。戦争が激しくなるにつれ、戦死者や戦傷者が増え、労働力も不足してきたため、朝鮮から日本に徴用工⑪を連れてきたのです。

1945年4月からは、授業がすべて停止となり、中学生以上の生徒、学生は工場や農村に駆り出されました。予科の2年生で17歳だった私も、北朝鮮の興南《フンナム》にあった日本窒素の化学工場に動員され、アルミニウムの製造に携わりました。礬土頁岩《バンドケツガン》を砕いて水酸化アルミニウムを作り、電気分解してアルミニウムを作るのですが、昼夜3交代のフル操業でした。工場は電気を使うのですが、近くの赴戦《ふせん》江《こう》という川を堰き止めてダムを作り発電していたため電力は豊富で、集合住宅の宿舎はオール電化でした。

**⑩内鮮一体**
1930年代から太平洋戦争にかけての朝鮮統治のスローガンで、朝鮮を差別待遇せずに内地(日本本土)と一体化しようというもの。強制的な日本化政策を進めて、現地の人々を戦時動員体制に組み込み、戦争に協力させることを主目的とした。

**⑪徴用工**
1937(昭和12)年に日中戦争が勃発。国内資源をすべて戦争に投入するため、国家総動員法が作られ、人的資源に関する詳細を定めた国民徴用令も施行された。日本の統治下にあった朝鮮半島からも、応募や徴用で日本の工場や炭鉱などに労働者が動員され、徴用工と呼ばれた。

作業はバルブを開けたり、温度を見たりする程度のものでしたが、工程が複雑でシステムを理解していないと難しいので、仕事について間もない朝鮮人には無理だろう、学生なら少しは知識があるからできるだろう、ということだったようです。配管の中を通っているのは塩酸で、バルブの間から液がこぼれてくると、外して取り換えないといけないのです。ゴム手袋などはなく、指の皮がむけたりして、それは悪い環境だったなと思いますが、物資がない状況でしたので素手で作業していました。ただ、食べ物だけは比較的豊かで、とうもろこしとか魚とかがたくさんありました。

この工場で作ったアルミ自体の質は良くなかったので、兵器などには使われなかったのではないでしょうか。

## ■終戦のラジオ放送「日本の主権、国体護持」

1945年8月9日、ソ連が参戦したという情報が入りました。その夜、私たちは死が近づいているのを予感しながら、貯えた食べ物を持ち寄り、腹一杯食べた後、夜勤に出かけました。そして、1週間の夜勤から次の1週間の日勤に交代する間に公休日があるのですが、おそらくその公休日となっていた11日、海に泳ぎに行きました。その日、子どもを含む朝鮮人の避難民がぞろぞろと逃げてくるのを見ました。当時は道路も舗装されていませんから、砂埃で髪が真っ白になっていました。「ああ、これは負けてるなあ」と思いましたが、学生だったからでしょうか？　あまり実感が湧かず、悲壮感もありませんでした。

12日から日勤になったのですが、その日にヒロシマの戦災のことを知りました。

15日、戦争は日本の敗北で終わりました。工場で働いていた私は、天皇のラジオ放送は聞いていません。午後、日本は無条件降伏したと知らされました。「一億玉砕」⑫を叩き込まれ、降伏という形で戦争が終わるなど考えたこともなかった私は、初めはその意味を捉えることができませんでした。時間が経つにつれ、とにかく戦争は終わったと自分を納得させ、工場内で天井走行クレーンに乗って、明

**⑫一億玉砕**
太平洋戦争における日本軍のスローガンの一つ。本土決戦に当たっては国民すべて玉砕（戦死）の覚悟で臨め、といった意味。「一億」とは、当時日本の植民地であった満洲・朝鮮半島・台湾などの日本本土以外の地域居住者（大半は朝鮮人や台湾人）を含む数字。

かりが漏れないように電灯を覆ってあった防空用暗幕をすべてはずしてまわりました。夜は電灯がワァーッと光って社宅一帯が明るく輝いていたのを覚えています。

夕方、みんな放心したような足取りで宿舎に帰りました。帰る途中で町のラジオ店から流れてきたアナウンサーの声は、今でも耳に残っています。「我が国の主権は北海道、本州、四国、九州に制限されました」「国体は護持されました」と繰り返し放送していました。その時は「国体」とは何かなど、考えてもおらず、敗戦で突然、自分を守ってくれるものがなくなり、外地で放り出されたことに呆然とするばかりでした。

その夜、日本人学生は何となく一つの部屋に集まりましたが、動員生活中、部屋が一緒だった朝鮮人学生は「朝鮮は独立するんだ」と言い置いて、町に出て行きました。日本人の私たちは、「ひょっとして俺たちは朝鮮に残るんかな。どうなるんかな」と、自分たちの行く末を話していました。認識が甘かったですからね。その時、日本人は全員帰れ、とは思っていない。「残るかもわからんね」と言っていました。そんなことがありました。

私の戦争体験は、学徒動員⑬と引き揚げ体験です。引き揚げ体験の最も悲惨なものは、子どもを捨てて逃げ惑った満州開拓民の体験なのですが……。この体験によって、私は国家とは何か、という問題を考えるようになりました。そして、ラジオが叫んでいた国体とは、天皇制を中心とする国家体制であり、国民は守られる存在ではなかったということがわかったのです。

⑬**学徒動員**
農村や工場の労働力不足を補うために強制的に進められた学生・生徒の動員をいう。1938（昭和13）年には年間数日の中等学校以上の学徒の勤労奉仕が義務づけられていたが、戦争の拡大に伴い1944（昭和19）年には通年実施が決められ、学徒は続々と軍需工場へ動員されるようになった。

## ■朝鮮半島「興南」から脱出

敗戦の翌日から私たちは仕事がなくなり、虚脱状態に陥りましたが、朝鮮人学生は、それまで禁制であった朝鮮語を声高に話し、何か忙しそうに動き回っていました。一方、私たち日本人学生の関心事は「いつ京城に帰ることができるか」でした。その日がいつかわからないまま、落ち着かぬ日々を過ごしていました。

被害妄想かもしれませんが、15日を過ぎて彼らが急によそよそしくなったような気がしました。それまで寝食を共にしていたのですが、我々に対して本性を隠していたのかもしれません。

敗戦で私たち日本人は取り残されて右往左往し、朝鮮人学生たちには気持ちの昂ぶりが感じられましたが、そうしたこととは全く関係ない世界にいるかのように、真夏の午後、畠でもくもくと働いていた朝鮮人農民の姿は、今も印象に残っています。

16日だったでしょうか。1、2日のうちに、興南にもソ連軍がやってくるという噂が流れました。町に出ると「蛍の光」の歌声が聞こえてきました。「俺たちとの別れを惜しんでくれているんだ」と思っていたのですが、実は韓国の愛国歌だったのです。だいぶ経って、戦後にわかったのですが、私たち日本人は卒業式などで歌っていた歌ですから、別れの歌と勘違いしていたのです。この時、私たちは敗戦という事態を正確に理解していませんでした。

町のあちこちにハングルの壁新聞が貼ってあったので、私たちは漢字を拾い読みして意味を知ろうとしました。見出しには「日本帝国主義の陰謀暴露」とか「日本人即時退去」とか「朝鮮独立万歳」

といった言葉が並んでいました。初めて目にした「日本帝国主義」について、みんなで議論しました。そこに大人しくて子どもっぽいという印象を持っていた朝鮮人学生の1人が加わり、創氏改名⑭や神社参拝、日本語の常用がどれほど朝鮮人に屈辱を与えてきたかを話しました。

それを聞いた日本人学生たちとは、ひとしきり民族の問題や世界観について感情的なやり取りが続いたのですが、その朝鮮人学生は終始冷静で、前途に希望を持っている者の余裕のようなものが伺えました。最後に彼は「僕たちは僕たちの国をつくる。日本民族も新しい生き方を探すべきだ。僕は日本人が憎いけれど、君たちとはまたどこかで会えるといいね」と慰めるように言ってくれたのです。

8月19日の朝だったと思いますが、これが最後の京城行きだという貨物列車に乗りこみました。朝鮮人学生は身分の高い両班の出身でしたから、機関士に金を渡してそうした情報を聞き出してくれ、手配してくれたのだろうと思います。私たちは、それで助かりました。列車は屋根のない無蓋貨車で10両くらいあったでしょうか。満

**⑭創氏改名**
日本政府が植民地の朝鮮の人々に対して行った日本化政策の一つ。朝鮮の人たちを戦時動員体制に組み込み、戦争に協力させることを目的に、彼らの固有の姓を奪い、名前を日本式に改めることを強制した。

員で、途中停まりながらのろのろと運行していました。日差しに照りつけられ、私たちは駅に停まるたびに飛び降りて、構内の水道栓めがけて走りました。そのついでに道端で売っている青いりんごを買ってかじったりしました。列車には朝鮮人学生も大勢乗っており、あちこちから歌声が湧き起こっていました。京城までは2日かかり、私は無蓋貨車の隅っこで、アメリカの女流作家ウィラ・キャザーの小説「別れの歌」を読んでいました。

京城の東郊外の清涼里《チャンニャンニ》に予科の校舎があるので、清涼里駅に着くとみんなで並んで学校へ帰ったのですが、校札ははずされていました。校内に入ると、後輩の1年生の朝鮮人学生が出てきて「先輩、ご苦労様でした。この学校は接収しました」と言うのです。

解散式をした覚えはないのですが、転入試験に必要な在学証明はもらいました。

その後、電車に乗って家に帰ったのですが、私の家がないのです。近所の顔なじみの朝鮮人が出てきて「家はもらいました」と言いました。父は空襲に備えて南山《ナムサン》の南麓の漢南町《カンナム》に家を持っており、漢南町にいるということだったので、そちらへ向かい、夜遅く家族と再会しました。

翌日から、私は久しぶりに京城の町を歩き回りました。この頃、民間は無政府状態になっていました。民間には木銃を持った青年たちの保安隊というグループがいて、武器を隠していないかと、日本人の家にやってきていました。日本軍もいましたが、一定の規律は保っていても、既に力はありませんでした。8月23日に38⑮度線が引かれ、9月の初めにアメリカ軍が来るまでは、朝鮮人が京城の街をコントロールしていました。

町では朝鮮人が、金も払わずに電車に乗っていました。日本人に対しては、父の会社の部下だった人が料理を持って来てくれるなど個人的に付き合いのある人は親切でしたが、そうではない一般の人は反日感情を抱いており、日本人は電車に乗せてくれないという話を聞きました。不思議なもので、日本人と朝鮮人は、見たら直感で違いが判るらしいのです。もっとも、どの電車も鈴なりの人で、とても乗ることはできませんでしたが。

**⑮38度線**
第二次世界大戦末期に、朝鮮半島を横切る北緯38度線に引かれた米軍とソ連軍の分割占領ラインのこと。その後、1953（昭和28）年には朝鮮戦争休戦協定に基づき、北朝鮮と韓国の間に軍事境界線が設けられた。

戦後、日本人が引き揚げるため、京城の町には古本がたくさんあふれました。私は家に閉じこもってそうした本ばかり読んでいました。左翼系の文献も初めて手にし、それまで全然知らなかった「資本主義」などの言葉を覚えました。

1965（昭和40）年、戦後初めて仕事でソウルを訪ねた時、級友たちの消息を尋ねて回ったのですが、クラスメートの大半は北朝鮮入りしたと聞かされました。興南で別れて以来、生死は不明ですが、「僕たちの国をつくる」といった級友の夢は果たされたのでしょうか。

# 3章

# 引き揚げ～新聞記者時代

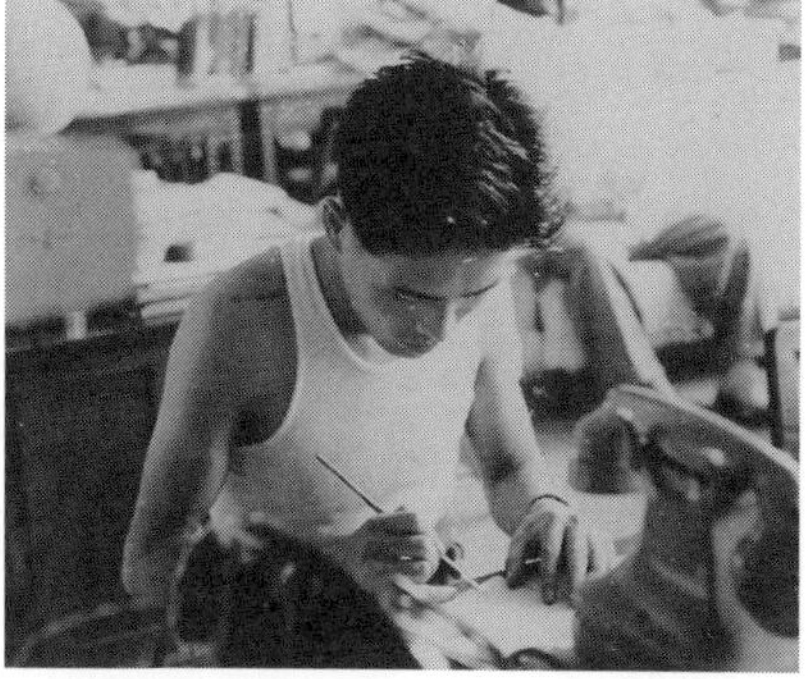

中国新聞社・整理部にて。ランニング姿で仕事中（1957〈昭和32〉年8月）

## ■広島への帰郷

1945（昭和20）年9月下旬、枕崎台風が広島を襲った後に、私は家族と一緒に広島に引き揚げてきました。朝鮮にいた日本人の本格的な引き揚げは10月から始まったのですが、私たちは比較的早い方でした。

実は広島へは度々帰ってきていました。父が親孝行だったということもあるのですが、この年の1月には、本川小学校の同窓会に出るために、父と一緒に広島に来ていました。駅前の旅館に泊まって、それから福屋の1階で待ち合わせして、クラス会をしたのを覚えています。本川小学校のその時の友人は、原爆で亡くなりました。

帰国するために、私たちは京城から貨物列車で釜山まで行き、そこから山口県の仙崎港に向かう連絡船に乗りました。当時、下関港には機雷がたくさん敷設されていたので利用できなかったのです。

広島へは仙崎から汽車に乗り、下関〜徳山〜岩国を経て帰りました。満員の列車内でみかんをもらったのを覚えています。朝鮮は岩山が多かったので、途中、日本は山の緑がすごいなと思いました。広島は焼け野原になっていたので、広島駅に降り立つと似島が見えました。焼け野原は、途中の下関でも徳山でも目にしていましたので、特に珍しくはなく無反応というか、衝撃を感じることもなかったです。ただ一発の原子爆弾でこうなったというのが驚きでした。放射能についての知識もありませんでした。

私は学校のことがあったので、広島駅前から電車に乗って古江（現・西区古江東町）の母の実家に向かいました。原爆投下から１月半しか経っていませんでしたが、電車はもう動いていて、小網町まで通っていました。小網町と天満町の間の鉄橋は落ちていましたので、小網町で降りて、橋を渡って、天満町から再び電車に乗りました。己斐からの電車は天満町で折り返し運転をしていたのです。

途中の景色はあまりよく覚えていないのですが、広島駅前には闇市があって、焼け跡には掘立小屋が建っていました。五右衛門風呂①が放ってあったり、縄を張って「ここに連絡してほしい」と記した札などが、まだたくさん残っていました。市内には元の広島赤十字

**①五右衛門風呂**
かまどを作って釜をのせ、その上に桶を取り付けて下から火を焚いて直接沸かす。釜の底部が風呂の底になっているため、火傷しないよう上に浮いている底板を踏み沈めて入浴する。安土桃山時代の盗賊、石川五右衛門が釜茹での刑になったことから、その名がついたといわれる。

病院の建物や、福屋の新館も旧館も、中国新聞社もありました。当時、中国新聞社は現在の三越広島店がある場所にあり、下村時計店もあったし、現在のパルコの位置にあった明治製菓も残っていた気がします。もちろん、すべてが焼けていました。

引き揚げの時、ソウルから若干お金を持ってきましたが、新円切り替え[②]で、すぐダメになりました。

母の実家は広電の古江駅から線路をちょっと上がった高台の、爆心地から5キロメートルあるかないかの所にありました。夏だから縁側も窓をすべて開けていたのですが、爆風が来て天井が浮き上がったくらいで家は大丈夫でした。祖父母も京城から引き揚げてきており、私はこの家から旧制広島高等学校[③]（以下、広高）へ通学することになりました。

## ■旧制広島高等学校へ転入

ソウルでもらった在学証明書を持って、マツダの隣の日本製鋼所

**②新円切り替え**
第二次世界大戦直後の急激なインフレに対処するために行われた非常措置。1946年、政府は金融緊急措置令および日本銀行券預入令を公布。5円以上の日本銀行券を強制的に金融機関に預入させて既存の預金と共に封鎖し、生活費や事業費などに限り新銀行券による払出しを認めた。

**③旧制広島高等学校**
1923（大正12）年に設立された高等教育機関。修業年限は3年で、文科・理科からなる高等科が設置された。広島は軍都・文教都市であったため、教員・軍人の子弟が多かったことも特色といわれ、大学進学率は高かった。現在の広島大学総合科学部（旧教養部）の構成母体。

内にあった広高の事務所に行き、転校手続きを行いました。戦争中、広高生が日本製鋼所に学徒動員されていたため、事務所もそこにあったのです。編入試験は10月末か11月にあり、外地から引き揚げてきた生徒や陸軍士官学校、海軍兵学校などの生徒が受けました。ただ、全校生徒の中で10％以上、軍人関係の生徒を入れてはいけない、10人に1人にしないといけない、と占領軍から制限されていました。

学校自体はまだ休校で、翌年（1946〈昭和21〉年）4月から新学期が始まる予定でしたが、校舎は使用不能だったため、2月に理科系も文科系も大竹の海軍潜水学校へ移転し、私は4月から1年間、大竹へ通いました。

広高時代（左、1948〈昭和23〉年1月）

学校の移転とか、寮に入る人は電球を持っ

広高・記念祭の仮装行列後（後列左から４人目、1947〈昭和 22〉年 11 月）

て来いとか、そういう連絡は学校から郵便で届いていました。戦前からのそうしたシステムはきちんと残っていたのでしょう。

１９４７（昭和22）年４月、私は理科系の３年生になりました。元々、広高の校舎は皆実町にあり一部の校舎が残っていたので、実験が必要な理科系の３年生は、４月から皆実町に帰ることになったのです。そして同年の秋、復興された皆実町の校舎に文科系の生徒も帰ってきて、記念の大復興祭を行いました。

当時、皆実町の校庭の奥に畠があって、そこでクラス主任の雑賀忠義先生が芋を作っていたのです。それをふかしては食べさせてもらっていたのですが、盗まれるので「これは猛毒だ」と書いた札を立て、盗みを防いだりしていました。旧制高校の生徒は勉強ももちろんするのですが、人生論とか恋愛論とかを闘わせたりしていました。その一方で、将来を担っていくんだという、エリート意識も持っていました。振り返ると、面白い学生時代でした。雑賀先生は後に、原爆犠牲者慰霊碑の碑文「安らかに眠って下さい　過ちは繰返しませぬから」をつくられました。

## ■戦争被害者の連帯感

当時は原爆でものがすべてなくなって、混乱の極みのようになってもおかしくないと思いますが、けがをした人もそうでない人もみんな戦争被害者ですから、非常に温かい空気が流れていました。一種の共感といったらおかしいですが、穏やかな空気が街に流れているのをなんとなく感じていました。「みんな戦争で大変だったな、よく生き残ったなあ」という思いでしょうか。

お互い会うたびに、「あんた、あのピカの時どこにおったんね？」と、こういう言い方をするのです。「わしゃ朝鮮におったんよ」と私が言うと、みんなから「わしはここにおった」とか「あそこにおったとか」などと、返ってきます。それが1951（昭和26）年くらいまで続いていたと思います。「よく生き残った」という一種の連帯感というか、「戦争でひどい思いをしたな」という共通の思いがあったのだと、私は思っています。中には泥棒したり他の悪いことをしたりして生き抜いた人もいたと思いますが、みんな戦争被害者で「ひどい目にあったなあ」といたわり合う思いがあったと思います。

後になって、市長に立候補した際によくわかったのですが、広島市民は大体周辺の地域から入ってきているのです。もちろん市内出身で、焼け野原になった後、戻ってきた人もいるでしょうが。私も、伯父が神石町で住職をしていて、従兄弟も住職をしているのですが、広島に住む檀家の人たちに選挙の応援を依頼してくれました。広島の人の大半は、北広島町とか湯来の方とか、田舎にルーツがあるのですね。

だから戦後、街であっても何となく同士というか連帯感というか、そんな気持ちを抱く人が多かったのではないでしょうか。これは、私の個人の思いで、違う印象を持つ人もいるとは思いますが、私はそういうふうに感じていました。けれどもその後、被爆者とそうじゃない人とが徐々に出てきて、朝鮮戦争の前後から変わったような気がします。

おそらく最近でも、阪神大震災や東日本大震災を経験した人をはじめ、災害を経験した人たちはみんな、いたわり合うというか、そういう気持ちになったと思うのです。それが時間とともに、人間のエゴが出てきて変わっていくのです。

## ■上京して大学へ

高校を1948（昭和23）年に卒業し、その後田舎で先生をして学資を稼ぎ、それから東京に行きました。

朝鮮の京城帝国大学予科に在学していた頃は、医学部を目指していたのでドイツ語を学んでいましたし、引き揚げてきてお金がなかったこともあり、早稲田大学のドイツ文学科に入学しました。文系だから、医学部だったらできなかったアルバイトができるので、大学時代はアルバイトばかりしていました。

私の先生は有名なドイツ文学者の舟木重信さんで、ドイツ語の主任教授だったのですが、私がアルバイトで大学へあまり行かなかったから、「〇日から試験がありますよ」って葉書で教えてくれるんです。あの頃は、先生と学生の間に人間的なつながりがあって、よく指導もしてもらい、そういう面倒もみてもらっていました。人数も少なくて16人しかいなかったというのもあるでしょう。「卒業できんぞ」と心配もかけました。けれども、卒論の「カフカ論」が非常に良かったので、無事に卒業しました。

この頃は電話がなく、先生も手紙を書くことが好きだったから、随分手紙のやり取りをしていました。私はそういう手紙をすべて持っていたので、他の先生方のものと一緒にまとめて、『人間この愛しきもの 舟木重信書簡集』（中村英雄・榎本重男 編、東洋出版、1987年）という本が出版されました。

上京して間もなく、広高時代の1年先輩の廣中俊雄さん（後に東北大学名誉教授）に声をかけられ、現・東京大学出版会（前身は東大協同組合出版部）で編集の仕事を始めました。編集は4人でやっていて、廣中さんは法律関係を、私は文学や歴史書を、石井和夫さんが経済の分野を担当していました。このほかに経理や書籍の運搬をする人、営業の人などが4人いましたが、編集部はすべて学生でした。

定価を決めるのに、原価計算をしないといけないのですが、あまりそういうことを考えずに作っていました。また、あの頃は装幀の印刷に金型を使っていたので、題名を変えたらすべて作り替えなければならず、そうした作業も大変でした。ですが、1950（昭和

東京大学出版会時代（下宿の机の前で）

25）年から3年くらい好きなように企画して出版していたので、売れたものも売れなかったものもありましたけれど、面白かったですね。最後の仕事は、石母田正先生の『歴史と民族の発見』（1952年）でした。

私が卒業したのは1952（昭和27）年でしたが、1951年の秋頃から、東京大学が、大学の組織に組み入れて出版会にすると言い出しました。自由に仕事をしていただけに、「面白くないな」と思ったものです。

大学時代、無理をしてアルバイトして少し身体を壊した時期もあり、父の勧めもあって卒業後はすぐに広島に帰りました。

## ■中国新聞社へ入社（1952年）

帰広して、ちょうど中国放送ができると聞き、社員を募集していたので受けたのですが、一次審査は通ったものの、身体検査で落ちました。それで、続けて中国新聞社を受けました。やはり身体検査があり、しかも同じ医者だったのですが、合格したのです。最初のときはダメだと言い、2回目の中国新聞社のときはOKだというなんて、この医者は一体何なんだと思いました。

中国放送のときは、落ちた理由が結核か何かだった、と聞いたものですから、日本赤十字病院へ行ったり、他にもいろいろな所へ行って調べたのですが、どこにも異常はありませんでした。それで、おそらく他の理由があったのだと、自分では思いました。大学時代、出版部で編集をしていたので、それかなと。出版部というのは、すべて「ひだり」だと思われたのかもしれません。

当時、中国放送の社屋はまだできていなくて、中国新聞社の上の階に仮の放送室のようなものをつくったのです。ラジオだけですけれど、広島で初めての民間放送でした。

私が入社した頃、中国新聞は徐々にページを増やしていて6ページになっていました。その後最大で40ページにもなるのですが。

すぐ整理部に回されて紙面の担当になりました。自分で言うのもおかしいのですが、いい整理部員だったのでしょうね。通常は2、3年で配置換えになるのですが、部長が離さなかったのです。それに、組合の委員長や書記長もやっていましたので、3、4月の異動が難しいのです。春闘の真っ最中に組合の幹部を異動させると、会社側が組合の運動を弱体化させるということで、不当労働行為になるのです。私は早く整理部から出たくて仕方がなかったのですが、出るわけにはいかなかったのです。

そんなふうだから嫌になりまして、大学院へ入りたいと、早稲田大学の恩師である舟木先生に手紙で相談したのですが、「大学院はあまりいいところではないよ」と言われました。けれど、このまま整理部で塩漬けになるのも嫌だったので、東京で出版社をやっている知人を頼って上京しようとしたのです。そのタイミングで妻から2人目の子どもができたと告げられ、東京行きは断念しました。結局、整理部に7、8年はいたでしょうか。

すると１９６０（昭和35）年、東京支社への転勤打診がありました。それを聞きつけた先輩記者の金井利博さんが学芸部へ引っ張ってくれて、そこで仕事をするようになりました。原爆と平和の問題を取材するようになったのもこの頃からです。原爆担当を命じられ、④原水禁運動の思想的評価や、文学・芸術における原水爆問題などの観点から、取材をするようになったのです。

## ■スポーツ新聞の整理部長に

１９６４（昭和39）年には東京オリンピックが開催され、その時

**④原水禁運動**
第二次世界大戦後に起こった、原水爆の製造・実験・使用の禁止と廃棄を求める平和運動。１９５４（昭和29）年、アメリカが太平洋ビキニ環礁で水爆実験を行い、日本のマグロ漁船、第五福竜丸も被災したことを契機に、原水爆禁止署名運動が全国各地に広まり、翌年には広島で第１回原水爆禁止世界大会が開かれている。

に中国新聞社は『スポーツ中国』という新聞を出すことになったのです。前年の秋、私はその編集者をやれと言われて、37歳の若さで急にスポーツ新聞の整理部長になりました。

当時は、中国新聞社社長の山本正房《まさふさ》さんが、カープの球団代表だったこともあって、カープに肩入れしていました。あの頃、カープは市民球団で経営が苦しく、樽募金などもやっていましたね。山本正房社長は社内でいろいろ議論したらしく、オリンピックで必ず当たる、それを当て込んでスポーツ新聞を出す、と決まりました。

紙面は4ページで、制作する記事はすべてカープ関連。他の記事は、東京新聞と中日スポーツと西日本スポーツから原稿をもらうことになりました。その頃はカープなんて小さい記事にはなるものの、どこも大きく取り上げなかったのです。デイリースポーツは阪神がメインで、報知新聞は巨人がメインだったのです。スポーツ中国はスポーツ記事ですから、カープの選手の写真をバーッと大きく、今みたいに載せました。その頃は珍しかったのです。何連敗もした時には、さすがにトップにはできませんでしたが。

当時、新聞社は流川にありました。大体、最初の刷りだしは夜11時頃なんですが、ナイターが終わると選手が新聞社の裏口にやって来て、自分が載っているか確認するのです。他のスポーツ紙にカープの選手がトップで載ることはなかったから、選手はとても喜んでいました。私には、それも嬉しかったですね。

オリンピックが始まったら、東京スポーツから原稿が来るのを待つのですが、なかなか来なかったのです。⑤共同通信の原稿はどんどん来るのですが、私たちのは別のスポーツ紙ですから、載せる原稿がないのです。それで待っている間に、どんどん試合が行われるので、私はテレビを観ながら、自分で原稿を書いたりしましたね。当時、ドーン・フレーザーというオーストラリアの女子水泳選手がいて、１００メートル自由形で優勝したのですが、東京スポーツから原稿が来ない。⑥早版《はやばん》の降版《こうはん》に間に合わせるため、テレビを観ながらフレーザーの泳ぎっぷりを書きました。テレビを観て書くわけですから嘘ではありませんね。原稿が来ないとき、そんなふうに記事を書いていていました。

**⑤共同通信**
共同通信社は、正確公平な内外ニュースを広く提供し、国際相互理解の増進に貢献することを目的に、全国の新聞社、ＮＨＫが組織する社団法人として１９４５年に設立された。創立以来、全国の報道機関や海外メディアに、国内外のニュースを取材・編集して配信している。

**⑥早版の降版**
早版は早い刷りの版のこと。新聞は広い地域で発行される媒体のため、配送にかかる時間を考慮して、早めに完成させて配送を始めなければならない地域がある。早版は、そうした地域向けに制作される。降版は、新聞の完成した紙面データを印刷部門に送ること。

その当時、朝刊とこのスポーツ新聞の輸送は鉄道でしたので、夜11時40分発の松江行きの「ちどり」に間に合わせようと必死でした。時には間に合いそうになくて「待て待て」と汽車を止める発送部の猛者も出てきたりしましたね。駅員もそれを聞いてくれるような関係だったのだと思います。

こういう苦労をだいぶ重ねたのですが、スポーツ新聞を作ったために、努力に反して本紙の部数が減ってきたのです。なぜなら、新聞はスポーツ欄とラジオ欄があればそれでいい、という読者がいたからなのです。

そういう人たちは、本紙よりスポーツ紙聞の方がカープのことがいっぱい載っている、本紙の扱いは小さい、だからスポーツ新聞の方がいい、という考えでした。スポーツ新聞には、カープの二軍選手も載せるので喜んで、「家へ送るんだ」と言っていました。そういうことで、本紙をやめる人が多くなり、販売店にとって同じ部数を配るなら本紙の方が実入りがいいので、スポーツ新聞は販売局には不評でした。それで結局、『スポーツ中国』は1年でやめることになったのです。

## ■編集委員第一号として被爆20年の特集

整理部長だった私は行き場をなくしたのですが、部長職で初めて編集委員という制度が作られ、その第一号になりました。編集委員はどこにも属してないので自由な仕事ができるのです。それが1965（昭和40）年2月で、ちょうど被爆から20年が経過していました。それですぐに、被爆20年の特集をやることになったのです。取材班を作り私が責任者となって、廃虚からの歩みと原水禁運動を検証した「炎の系譜」、被爆の実態に焦点を当てた「世界にこの声を」、年表「広島の記録」の3種の記事からなる「ヒロシマ二十年」を1ページ特集として1か月連載し、この年の新聞協会賞を受けました。

そして1967（昭和42）年春に報道部長、1970（昭和45）年に編集局次長となりました。その後、1972（昭和47）年に「お前、販売の勉強をしろ」と言われて販売局長になりました。社長は、私を経営者にしようと期待していたのでしょうね。それから、1975（昭和50）年に編集局長になり、1983（昭和58）年5月まで、編集局でずっと仕事を続けました。

この間、配属された部署で本業はもちろん一生懸命やるのですが、原爆問題、被爆者問題、平和問題への私の関心は少しも衰えず、言ってみれば課外活動として、それらの取材もしたりしていました。実は広島で被爆した朝鮮人、孫振斗《ソンジンドゥ》さんを支援して原爆手帳裁判⑦をしたりと、韓国内の被爆者支援をずっと行っていたのです。孫さんの裁判は最後に、最高裁で勝訴して、少しは韓国人被爆者の権利の回復に貢献したかなと思っているのですが。

これは新聞記者時代の仕事とは関係はなく、私自身の想いがずっとあったというのが大きいです。また、韓国育ちというのもあったでしょうし、敗戦体験というのもあったでしょうか。これは前にもお話ししていると思いますが、外地で放り出されて、言い換えれば、国家から見放された庶民というか。私自身がそういう人間だったと感じていますから。

**⑦原爆手帳裁判**
1972年、韓国人被爆者の孫振斗さんが、被爆者健康手帳の交付を求めて福岡県知事を提訴した裁判。1、2審とも勝訴したが、福岡県は上告。1978（昭和53）年、最高裁は福岡県の上告を棄却し、孫さんの主張を認め、被爆者健康手帳を交付すべきであるとした。

## ■ＲＣＣ中国放送へ

編集局長を8年務めた後、１９８３年6月にＲＣＣ中国放送に行けということで専務として赴任し、民間放送の仕事に携わるようになりました。新聞育ちの私には、放送の特性からくるチェック機能の弱さに、絶えず不安を覚えていたのですが、新聞社の編集局長時代にテレビに負けた、という感じがしたことがあります。

それは、１９７２年2月に連合赤軍が起こした浅間山荘事件⑧の中継です。あれを朝から晩までテレビで放映していたのです。ただ山荘を映すだけで全然動きがないのですが、それをずーっと見ていて目が離せないなって、そのうちに早く突っ込めーという気持ちになるわけです。自分で、「ああいうのはいかんなあ」と思いました。平和主義でも人間そうなるのだなあと。そして、テレビの時代はすごいなあ、すごく迫力あるなあと思いました。それが印象に残っています。

その後、１９８７（昭和62）年6月に社長に就任しました。その

**⑧浅間山荘事件**
１９７２年2月19日から同28日にかけて、テロ組織「連合赤軍」のメンバー5人が長野県軽井沢町の浅間山荘に人質をとって立てこもった事件。9日間にも及ぶ警察と連合赤軍との激しい攻防の末、犯人グループは逮捕され、人質は無事に解放されたが、死者3名・重軽症者27名を出す事態となった。

時、これまでのいろいろな課題を片付けて、少しゆっくりしようと思いました。ところが、1990（平成2）年に市長になってくれと懇願されて、翌年2月の選挙を経て市長に就任したのです。

# 4章

# 原爆と平和問題に取り組む

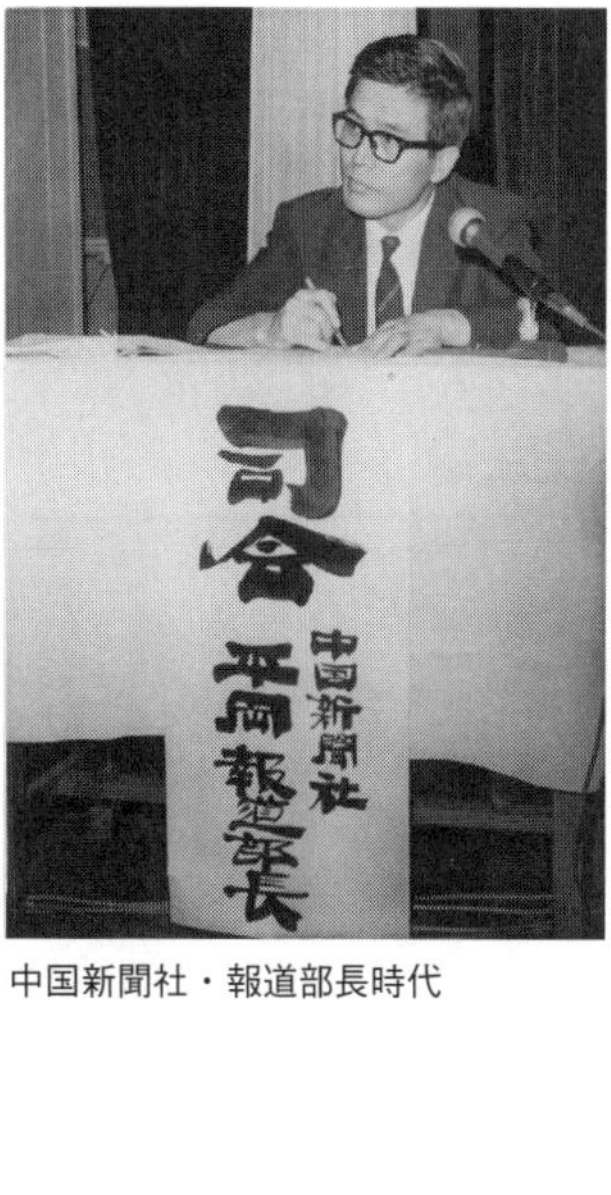


中国新聞社・報道部長時代

## ■金井利博学芸部長の原爆被災白書

学芸部時代に部長の金井利博さんから「お前、原爆をやれ。いわゆる平和運動やその思想なども含めて、広島の人の源流をきちっと書け」と言われました。金井さんからは大きな影響を受け、広島の記者として、人間の側から核兵器の問題を見ていこうという視点が培われたのです。

金井さんは三次市の出身で、九州帝国大学法文学部を卒業後、陸軍に召集され、1947（昭和22）年、陸軍中尉で外地から復員し、中国新聞社に入りました。彼は学芸部記者として、広島で文学を志す若者たちを援助したり、民俗学者の宮本常一さんや、農民運動・被爆者援護活動に取り組んでいる作家、山代巴さんらとの交流を図ったりしていました。

一方で金井さんは、広島のジャーナリストとして原爆問題に強い関心を持ち、日本の政府が、広島・長崎の被害の真相を調査しないことに憤っていました。広島・長崎の被爆の実相を世界に伝えることは、核兵器の使用禁止や核戦争防止につながるという理由からでした。こうした考えのもと、金井さんは、正確な死者数すらわからない原爆被害を明らかにするため、１９６４（昭和39）年、原水爆被災三県連絡会議主催の原水禁広島大会で、原水爆被災白書をつくり国連へ提出することを提案したのです。

同時に、政府が腰を上げるのを待っているだけでなく、自分たちでも動こうと民間有志に呼びかけて「原爆被災資料広島研究会」を結成しました。私も参画したのですが、研究会は5年をかけて「原爆被災資料総目録」を第1集から第3集まで刊行しました。

金井さんは常に文献資料の重要性を強調し、その収集に執念を燃やしていました。そして、資料収集を通じて原爆被害の実相を明らかにしようとする姿勢はまた、スローガンの絶叫に終始し、政党間の争いによって分裂してしまった原水禁運動への批判でもありました。

この上司のもとで、私が教えられたのは、広島に生きる記者としての目のすえ方と、執拗なまでの対象へのくいさがりでした。

私は、その後も金井さんを中心とする原爆被災白書運動にかかわり続けました。

## ■被爆者の階層分化

原爆問題を取材する中で、私はいろいろな被爆者に会うことになったのですが、被爆者の中にも、やはり国家から見捨てられた存在となり、長い間支援もなしに苦しんでいる人がいると、痛感しました。

原爆により壊滅した広島でようやく生き残った被爆者たちは、放射線の影響なども知らず、苦しい生活を強いられていました。終戦から12年経った1957（昭和32）年に、広島の医師たちの努力もあって「原爆医療法」①ができましたが、国の援護策は十分ではありませんでした。

被爆者といっても、それぞれの社会的立場、あるいは生い立ちその他、すべて違うのです。その上、被爆者だけではなく、戦争被害

①**原爆医療法**
「原子爆弾被爆者の医療等に関する法律（原爆医療法）」は1957年に制定された。被爆者に被爆者健康手帳を交付し、年2回の健康診断を行うとともに、異常が発見された場合には精密検査を実施し、原爆放射能に起因する疾病の治療費を国費で負担するというもの。

者は日本中にいました。占領下でもありましたから、初期の段階では、政府は何の援助もしませんし、プレスコード②もあって原爆被害について報道することもありませんでした。

1950（昭和25）年、朝鮮戦争が始まって日本は高度成長期に入り、その戦争を契機に景気が良くなっていきました。その時、その波に乗り遅れ社会の動きから取り残された人たちが被爆者の中にもいて、健康上の不安を抱えながら結婚したり就職したりするときに差別を受け、もがき苦しんでいました。被爆者は、身体的に影響を受けていますから、原爆の後遺症に悩まされる人も多かったのです。いわゆる原爆ブラブラ病と言われていたのですが、働く意欲が周りからは見えない、けれども本人は放射能の影響で労働がつらい。そうでない人からみたら、怠けているじゃないかと思われるのです。

ただ、被爆者の中でも、資産のあった人、親戚に有力者がいた人、元々社会的地位があった人たちというのは、立ち直りが早かったのです。財産や土地を持っていた人たちは、被爆者でも戦後復興の波に乗っていきました。その一方で、身寄りがない、財産もない、仕

**②プレスコード**
1945（昭和20）年に連合国占領軍総司令部（GHQ）が出した新聞統制基準。講和条約発効まで6年半にわたり、日本のメディアを実質的に支配した。10か条からなり、公安を害する事項、連合国・占領軍に対する破壊的批評、宣伝的報道などを禁止した。

事もない、そういう人たちは波に乗れずにいたのです。

ひとくくりに被爆者といっても、こうした階層分化がありました。被爆者でなくても、そうした階層分化はあります。その人の社会的地位だとか、資産などによって救われる人とそうではない人とに分かれるのです。

被爆者の中でも、恵まれた環境にあった人たちと、そうでない人たちとに分かれる、その契機が朝鮮戦争だったと思います。健康であれば、いろいろな活動ができますが、被爆したせいで健康を損なってさまざまな差別に苦しむ。そういう人たちが、吹き溜まりのように、基町の原爆スラム③や福島町などに集まったのです。そうした人たちに会って、被爆体験や現在の苦しみ、悩みを聞き出して文字にすることは大変難しく、辛い作業でした。

## ■被爆者の苦しみ、怒り

私が原爆問題を取材し始めた頃は、みんな同じ立場の被爆者ばか

**③原爆スラム**
被爆後から1975（昭和50）年頃まで、広島市の中心部を流れる本川の土手沿い（相生橋から三篠橋までの南北1・5キロメートル）に不法バラック住宅が密集して建っていた。こうした地区は市内河川敷に数か所あったが、爆心地に最も近く、最後まで残った地区であり、経済的恩恵を受けることのない人々が住む街として、原爆スラムと呼ばれていた。

りでしたから、いわゆる恨みのようなものは聞かなかったのです。恨みつらみが出てくるというのは、社会の底辺の落ちこぼれた人たち、社会から見捨てられた人たちです。それについては、私も朝鮮にいて敗戦で国から見捨てられたと感じ、その後引き揚げてきたので、すごく共感するわけです。だから国家とは何かということを、被爆者の存在を通じていろいろ考えました。国の犠牲になったのに全然顧みられず、見捨てられたことに対する怒り。それは被爆者自身の怒りですし、取材を通してそれを聞いた私も、ちょっとひどいなあという思いがありました。

私が一番印象に残っているのは、江波に住む漁師の中村杉松さんという方でした。あばら家に住んでいて娘さんが2人いたのですが、彼女たちは夜のクラブに勤めたりしていました。中村さん自身は爆心地付近で被爆し、全身に手の施しようがないくらいの火傷を負い、全身傷だらけで、1949（昭和24）年頃から原爆症の兆候が現れ、仕事ができなくなったのです。「頭が割れ、背中が焼けるような苦しみ」があったのですが、生活保護は十分でなく、どの病院でも満足な治療はしてもらえませんでした。中村さんは役所や医者を恨み、酒で苦痛を紛らわせていました。

山口県の下松出身で1951（昭和26）年から、ずっと広島に通い続けて原爆被災者の苦しみを写真に撮り続けた福島菊次郎さんという写真家がいたのですが、彼も小さい時に父を失い苦労して育ってきたので、他人の不幸を実感として受け止め、共に苦しみ悩む人でした。その彼が中村さんの元へずっと通っていたので、私も一緒に中村さんを訪ねたのです。そうしたら「行政は何もしてくれん」と、中村さんが激しい言葉でもの凄い苦しみを訴え、恨み言を言うのです。福島さんは、中村さんの苦しみを写真に撮り続け『ピカドン ある原爆被災者の記録』（東京中日新聞、1961年）という写真集を出したのですが、これを見た全国の人から大きな反響が寄せられました。

中村さんのような反応は、基町や福島町の被爆者からもありました。基町にはかつて「原爆スラム」と呼ばれた一帯があり、被爆後何年か経って、行き場を失った被爆者たちが、このあたりに住みついたために、こう呼ばれるようになりました。そこに住む人たちは、大部分が失対労務者④として働いていましたが生活も貧しく、生活保護を受けている世帯が多かったのです。それを恥じている50歳を過ぎたばかりの女性は、「できることなら、もらわんで済ませたい」「しっかりせんこの身体が歯がゆい」と何度も繰り返していました。

一方で、被爆した身体に出始めた心臓病や神経痛などで思うように働けず、周りの人たちに自分の苦しみを訴えても、本当にはわかってもらえないという思いがあり、「いくら話しても仕方がない」という表情で、沈黙してしまうこともありました。

福島町のアパートに住む70歳代初めの女性は、「ゲンバク？　今になって何をとぼけたことをいうのか！　亭主も殺されたし、わしも死にかけとらあ。何を言うてもどうにもなるもんかい。疲れるだけよ」と叫び、反対を向いてごろりと横になったきり、それ以上、口をきこうともしませんでした。

自棄になるというか、そういう援助を期待しないというか、そんな感じでした。こちらは善意で、と言ったらおかしいですけど、何

**④失対労務者**
戦後、戦時中に稼働していた工場の閉鎖や中小企業の倒産により、失業者が増えた。政府は多数の失業者を失業対策事業と公共事業に吸収するため、１９４９年に緊急失業対策法を制定。就労者は公共職業安定所の紹介する失業者として、作業に従事した。

とかしたい、という気持ちがあったのですが。

## ■「もう一度原爆が落ちればいい」

筆舌に尽くしがたい、という表現がありますが、原爆の修羅場はまさに言葉や文章にすることができないような体験だったことでしょう。被爆者の話を記事にしても、話してくれた人の思いや感情を、十分に表現することはできませんでした。

苦しみにのたうち回るある被爆者からは、「あんたの書いたようなもんじゃない」「ピカのことは、実際に遭うたもんじゃないとわからん」と、よく言われました。そして、自分の苦しみや思いが伝わらないもどかしさに、「もう一遍、原爆が落ちりゃあ、わかるんよ」とか「原爆をアメリカに落としてやりたい」とか言い放ち、私に怒りをぶつけてくることもありました。こちらの思いはなかなか伝わらなかったのですが、その人たちの気持ちを考えたら、そうした反応は、仕方のないことだと思います。

## ■「お前は記事を書いて給料をもらっているが、わしには何もない」

同じようなことは韓国でもありました。1965（昭和40）年、韓国との国交が回復した年に私は韓国を訪れ、隣国の政治・経済・文化などの現状をルポする仕事とは別に、広島の記者として、被爆した人たちの証言を集めることに注力しました。手がかりが全くなく、人の噂を頼りに被爆朝鮮人を探して話を聞いたのですが、彼らの生活は悲惨そのものでした。罪のない彼らがなぜこんなに苦しまなければいけないのか。そうした苦しみを放置して知らぬ顔をしている日本という国と日本人の醜さを感じずにはいられませんでした。

その後、被爆朝鮮人の実態を何とか日本人に伝えたいと思い、2年に1度くらいの割合で韓国の被爆者を尋ねていました。最初、彼らは「自分たちの話を初めて聞いてくれる」と、とても喜んでくれて、被爆体験や日本への要望などをいろいろ話してくれていました。「平岡さん、あんた神様か」と私を拝むのです。日本から来た新聞記者への期待感もあったと思います。彼らのそういう反応は、日本の被爆者も同じだったのですが。私も彼らの期待に応えようと新聞に書きましたし、雑誌などさまざまな媒体で、被爆朝鮮人の実態を伝えることに努めました。

するとそれを見て、東京のマスコミなどが同じ被爆者のところへ、何人も取材に行くのです。本人は何度も同じ話をすることになり、嫌になってくるのです。その後、何年かして私が取材に行くと「また来たか」となるのです。「お前さんたちは記事を書いて給料もらっているが、私らには何もならん。もう帰ってくれ」と怒鳴られたこともありました。私たちは日本人ですから、「日本人にはわかるもんか」という感じで言われたこともあります。彼らが直面している生活苦や社会の無理解などの状況が一向に好転しないので、このような絶望的な言葉が出てくるのだと思います。

日本の被爆者にも言われたことはありますが、日本人はオブラートに包んだ表現をしますから。韓国の人の言葉はきつく、ストレートにぶつけてくるのです。言われることは全くその通りで、返す言葉がありません。けれど、「私たちは決して自分のためにやっているわけじゃないんです。政府を動かして支援が行き届くようにするんですよ」と言うのですが、それが実らないからイライラするのでしょう。

本当ならば、そういうことは原爆を落としたアメリカに言うべきですけれど、日本に対して言うのです。そういうことが何度もありました。私にとって被爆者の話を聞くというのは、国家に見捨てられた人がいるのだということを痛感することで、本当に辛い仕事でした。

## ■被爆者の激しい言葉の中にこそ、被爆者の真実の声がある

このような激しい言葉は、今も私の胸に突き刺さっていますが、時とともに聞くことが少なくなりました。そういう声を聞かなくなったのは、１９７５（昭和50）年頃からでしょうか。被爆者が老いたというのもありますし、そういう酷い被害にあった人が亡く

なっていったということもあるでしょう。また、被爆者援護法⑤ができたり、被爆者を包み込んだ平和運動が広がって、被爆者の苦しみに対する国民の理解が進んだり、時間の経過などで、怒りや悲しみに満ちた被爆者の心が癒されていったという面もあるのかもしれません。

今、生きている被爆者というのは、子どもの頃に被爆した人たちですから。そういう人たちではなく、その当時、働き盛りの40歳代・50歳代の人たちの苦しみや怒りは、すごかったのです。原爆のせいで自分の人生が狂い、立ち直れないと。一方で、財産があったとか、親戚に有力者がいたとか、きちんとした教員だとか、そういう職があった人たちは、立ち直りが早かったのですが。

被爆者の怒りの声を聞かなくなったのは、このほかにも1970(昭和45)年以降、「平和国家」の名の下にあって、原爆に対する被爆者個人の怒りや憎しみが出しにくくなっている状況があるのかもしれません。だから最近の若い人は、そういう時代があったということ、そして被爆者の本当の怒りというものを、知らないのです。

**⑤被爆者援護法**
1995(平成7)年に施行された被爆者援護法は、被爆者が国費で医療を受けられる制度について記した1957(昭和32)年の原爆医療法、被爆者への健康管理手当の支給等の開始を謳った1968(昭和43)年の原爆特別措置法を一本化したもの。給付内容についてもより充実したものとなっている。

韓国の被爆者はまだアメリカの責任を問うと、言っています。日本でも、被団協（日本原水爆被害者団体協議会。47都道府県それぞれにある被爆者団体の協議会で、被爆者唯一の全国組織）は言っていますが、それをあまり出せないという雰囲気があります。

かつて、被爆者から厳しい言葉を浴びせられた私は、被爆者は本当に穏やかな平安を取り戻したのか、という疑問を抱かざるを得ません。もしかすると、言いたくても言えない雰囲気があって、被爆者が口を閉ざしているのではないかという気がするのです。

私が昔、被爆者から浴びせられたあの激しい言葉の中にこそ、被爆者の真実の声があり、その叫びが原爆の非人道性を告発しているのだと思われてならないのです。

## ■平和になっても、原爆（放射能）で殺される

原爆症というものは、現在、すべてが解明されているわけではありません。それだからこそ、被爆者の健康と放射線の影響を、長期

にわたって見守っていかねばならないと理解されたのは、昭和30年代後半でしょうか。被爆してからずいぶん時間がかかったのですが、ようやく被爆者の問題というのが、広く知られるようになります。

もちろん受ける放射能の量によって個人個人違いますが、身体の不調の原因が、放射能の影響なのか生来のものなのか、非常にわかりにくいのです。被爆した人たちは、非常に大きなハンディキャップを背負わされたということなのです。だからこそ、被爆者援護法ができて、医療等の救済が行われるようになったのです。でも、その網からこぼれ落ちる人たちもいるのです。例えば黒い雨⑥。黒い雨にあっても健康な人とそうじゃない人と、必ず個人差が出てくるのです。怖いのは、放射能というのはだいぶ経ってからその影響が出る、ということです。

その典型が、折り鶴で有名な佐々木禎子さん（平和記念公園の「原爆の子の像」ができるきっかけとなりました）。彼女は2歳のときに被爆したのですが、傷を負うこともなく、その後元気に成長しました。けれど被爆から10年経った１９５５（昭和30）年、12歳の時

**⑥黒い雨**
原爆の爆風と火災による上昇気流の結果、巻き上げられた泥やほこり、ススや放射性物質などを含んだ重油のような粘り気のある大粒の雨が降った。強い放射性物質を含んだこの雨に打たれて、下痢や脱毛、出血傾向、急性白血病などの急性放射線障害を発症した人もいる。

に白血病と診断され、広島赤十字病院に入院しました。入院中は治りたいと思い、一生懸命、自分の健康回復を願って折り鶴を折り続けましたが、8か月の闘病生活の末、亡くなりました。福島の原発事故もそうですが、子どもは放射線に対する感受性が強いから、特に影響が出るのです。被曝した子どもの甲状腺にずいぶん異常が出ているようですが、なるべく被害を小さく見せようということからでしょうか、あまり発表されていません。

戦争が終わって平和になっても、まだ原爆の影響を引きずっている。これが、核兵器が非人道的な兵器だといわれる所以です。本来なら、戦争が終わって、みんな平和に暮らすことを期待しますが、そうはいかないということです。

「原爆によって殺されている」とはっきり認識させられたのが、広島市西区出身の漫画家、こうの史代さんの『夕凪の街 桜の国』（双葉社、2004年）という作品を読んだ時です。漫画なんてあんまり読んだことがなかったのですが、週刊ポストから依頼されて、書評を書いたのです（『週刊ポスト』、小学館、2005年5月13日）。

『夕凪の街 桜の国』は昭和30年代の広島が舞台となっています。主人公の皆実《みなみ》という女性は、原爆で生き残ったことに後ろめたさを感じており、白血病と思われる病気で亡くなってしまうのですが、その死の床で、吹き出しに書いてあるのが、「10年経ったけど、原爆を落とした人はわたしを見て『やった！　またひとり殺せた』とちゃんと思うてくれとる？」という言葉です。つまり、原爆を投下した側が、またひとり殺したと思っているんじゃないかと。それを皆実がいうわけですよ。

私はこの言葉に衝撃を受けました。私たちは毎年、死没者が何名で慰霊碑に納められました、と記事を書いているのですが、殺されたのだと、あらためて認識したのです。原爆の影響で死んだ、ということではなく原爆によって殺されたのだと。そういう言い方だったのです。

これは人々を無差別に殺傷し、生き残った人も放射線によって苦しめ続け、死に至らせるという原爆の本質を見事についているなと思いました。２００３（平成15）年頃に「殺されました」と、こうのさんが描いているのですね。その考え方に、これまで「核兵器反対」とかいろいろ言ってきたつもりの私も、うかつだったなと思ったのです。

戦後の日本の平和運動が、原爆投下者に対する被爆者の憎しみや恨みを、平和の名の下に抑え込んでしまっている歴史を考える時、この痛烈な異議申し立ては、鋭い刃となって私たちを刺し貫いたと思いました。

## ■上野英信「アメリカの蛮行を許さない」

山口市出身のルポルタージュ作家、上野英信さんは満州の大学から学徒出陣し、見習士官として広島・宇品の陸軍船舶司令部⑦にいたとき被爆しましたが、彼はすぐに被災者の救援活動に当たりました。復員後は京都大学に入りましたが、学費が続かず中退し、佐世保の炭鉱に入りました。そして、白血球の減少など原爆の後遺症に悩まされながらも炭鉱労働者として働きながら作家活動をつづけまし

**⑦陸軍船舶司令部**
船員や工員、軍属を含め30万人に及ぶ巨大な部隊で、1000隻以上の大型輸送船を有し、軍隊・物資等の船舶輸送を指揮統率した大日本帝国陸軍の組織。「暁部隊」の名前で親しまれた。被爆直後の広島で、被災者救助や警備活動に従事し、多くの二次被爆者を出した。

た。彼の書いた「私の原爆症」という短文が1968（昭和43）年10月号の『展望』（筑摩書房）に発表されたのですが、その中に次のような文章があります。

「あえて誤解を恐れず告白するが、この23年間、私はアメリカ人をひとり残らず殺してしまいたい、という暗い情念にとらわれつづけてきた。学徒招集中のことだが、広島で原爆を受けたその日以来、この気持はまったく変らない。おそらく、死ぬまでこの情念から解放されることはあるまい。人はよく原爆症のほうは、と私にたずねる。が、私にとってどんな肉体的な障害の苦しみよりも大きいのは、この暗い情念から逃れることのできない苦痛である。これこそ、もっとも悪質で致命的な原爆症というべきかもしれない。（中略）私自身、正直なところ、死にたいほど自己嫌悪におちいっているのだ。しかし、どんな美しい思想も、建設的な平和の理論も、私をこの⑧陋《ろう》劣《れつ》（著者注）な苦しみから解き放ってくれない。鋭い放射能の熱線が一瞬にして石畳に焼きつけた人影のように、この黒い影も私から消え去ることはないのである。（中略）私はいまなお一度目を許すこ

**⑧陋劣**　いやしく、軽蔑すべきであること。

とができないのである。誰がなんといおうと、ぜったいにあの一度目を許せないのである。さらにいえば、誰かのせりふめくが、それを許す私を許せないのである。呪縛というべきか、自縛というべきか、いずれにせよ、この救いがたい、われながら浅ましい妄念そのものを原点として、私は平和を考えるほかないのである」（上野英信『骨を噛む』、大和書房、1973年より一部抜粋）

彼の思いが激しい言葉で書いてあります。それは、やはり偽りない言葉だと思います。それを口にするには、ためらいますよね。占領中は、それを言える状況ではなかった。平和、平和といっている時に、そういう恨み言をいうのは、あまり平和主義者じゃない。平和というなら許せ、と。当時そういうことを言われましたし、今でも言われます。

けれど、私たちが忘れてはならないのは、原爆によって殺された人たちの無念を、今生きている私たちがどう受け止めるか、ということです。

この死者の無念は、どうすれば晴れるのでしょうか。

## ■アメリカが原爆投下の間違いを認めることが、核兵器廃絶の第一歩

私は原爆犠牲者の無念を晴らすには、アメリカが「原爆投下は間違っていた」と認め、核兵器が世界からなくなることによってしか、果たされない、と思っています。私もかつて、広島は怒りや悲しみや憎しみを乗り越えて、人道的立場に立って核兵器廃絶を訴えているのだ、と言っていました。しかし、それはきれいごとの理屈ではないか。私たちは死者の怨念、被爆者の情念を無視して、平和を叫んでいるのではないか、ということに気づいたのです。

アメリカの原爆投下は、当時の戦況を考えれば必要なかったし、間違った作戦だったということを、私たちは主張し、記憶に留めなければならないのです。

平和記念公園に設置された原爆死没者慰霊碑の碑文もそうです。1952（昭和27）年の8月6日に除幕された慰霊碑には「安らかに眠って下さい　過ちは繰返しませぬから」という碑文が刻まれま

した。これに対して、「だれが過ちを犯したのか」「主語は一体だれなのか」という声が、市民の間から起こりました。またインドの極東国際軍事法廷⑨の判事が、この碑文について「原爆を落としたのは日本人ではない。原爆を落とした者の手はまだ清められていない」と疑問を表明しました。また「過ちとは何だ」という議論も起こりました。「過ち」の解釈についてもいろいろあるのですが、碑文を選定した雑賀忠義さん（当時、広島大学教授）は、「これは全人類の過去、現在、未来に通じる広島市民の感情であり、良心の叫びである」と反論し、結局は「広島の悲劇は、核兵器を開発し戦争を起こした人類の過ちだ」という解釈になったのです。

アメリカの日本占領が終わったのは、この年の4月28日でしたが、碑文選定の頃はまだ占領下にありました。「人類の過ち」の中には、当然アメリカも入っているはずなのですが、何となくアメリカの責任をはぐらかしたような面もあります。自分たちが戦争という過ちをおかした、という解釈で今はうまく収まっているのですが。

けれども、アメリカの原爆投下を不問にする、というのは、私は

**⑨極東国際軍事法廷**
１９４６（昭和21）年、ポツダム宣言に基づき日本の戦争犯罪を裁くために、連合国が東京の旧陸軍省に開廷した国際裁判所。この裁判により、満州事変以来の日本の軍事行動は侵略戦争であると断定され、国家指導者として東条英機以下７名が絞首刑、16名が終身禁固という判決が下った。

間違っているのではないかと思います。責任は責任として明確にしない限り、核兵器はなくならないと考えます。だから、ロシアのプーチンが言っているように「アメリカが使っているのに、私が使って何が悪いか。アメリカに言われる筋合いはない」ということになるでしょう。そして、これはどの国も言い出すのではないでしょうか。そういう意味ではやはり、アメリカが「原爆投下は間違っていた」と認めることが重要です。間違った以上は、謝罪をするという、そういう理論になりますね。それこそ、すべて水に流して、仲良くやりましょうとなるには、責任を果たさなければいけません。

そこを曖昧にして、原爆投下は正しかったと言い続けると、今度は悪い奴を倒すためには、正しければどこに核兵器を使ってもいい、という論理になってしまいます。広島の立場は、核兵器はいかなる場合も使っちゃいけないというものです。

核兵器の開発や製造、保有、使用については、それを禁止する国際条約があるのですが、アメリカは核を持っているのでもちろん参加していませんし、日本政府も、核の傘の下にいますから、参加していないのです。

## ■日本の加害責任も忘れてはならない

私は世界から核兵器をなくすためには、アメリカの原爆投下責任を曖昧にしてはいけないと思っていますが、同時に日本もアジア・太平洋戦争で、多くの国際法違反を重ねていることを、忘れてはなりません。つまり、自分たちの被害を訴えるだけではなく、加害の責任も胸に刻んでおかなければならないということです。

日本人は、広島・長崎の体験を国民的体験とし、戦争の記憶として覚えていますが、戦争の記憶は、国によって異なります。アメリカは日本の真珠湾奇襲をいつまでも覚えていますし、中国は南京での日本軍による虐殺行為を忘れません。ロシアはナチスドイツと戦った大祖国戦争⑩を記憶しています。

日本が加害者となった戦争の記憶は、決して愉快なものではありませんが、平和な未来を築くためには原爆の記憶と同様に、忘れて

**⑩大祖国戦争**
第二次世界大戦のうち、ソビエト連邦がナチス・ドイツおよびその同盟国と戦った１９４１（昭和16）年６月22日から１９４５年5月9日までの戦いを指す。「祖国戦争」は、元は自国内での防衛の戦いを指していたが、国民を鼓舞するために「祖国のための戦い」にも使われるようになった。

はならないでしょう。自分の過ちを認めつつ、他人の罪を問うことは、大変難しいことですが、二度と核兵器を使わせないためには、アメリカの原爆使用の責任をうやむやにしてはならないと、考えます。責任が明らかになることによって、死者は初めて安らかに眠ることができるでしょう。

## ■「アメリカ（オバマ）に謝らなくていい」と、安易に言うべきではない

２０１６（平成28）年、アメリカのオバマ大統領の広島訪問が具体化したとき、原爆投下について日本政府は「謝罪は求めない」と言い、広島でも「謝らなくていい」というようなムードが広がりました。謝罪にこだわるのは、平和を求める人の態度ではない、といった雰囲気がありました。

私は度量が狭いのか、それに対して違和感を持ちました。広島の方から謝らなくてもいいと言うのは、おかしいことではないかと。

生き残った者が、いま安穏な生活を享受している者が、あの時、苦しみもがいて死んでいった人の思いを差し置いて、「謝罪を求めない」という言葉を口にできるのか、という思いにとらわれたのです。

謝るというのは、本人が反省してするもの。こちらが謝れ、謝れと言う必要はないのです。強要されて謝るのは本当に謝ったことにはなりません。原爆を使ったアメリカ人が、広島・長崎の惨状を知った上で、何かを感じ取り、悩み考えて、原爆投下は間違った作戦だったととらえればいいのです。あれは間違っていたと。そうすれば、自ずからその結果に対して責任を感じ、すまなかったと謝罪すると思うのです。ただ、あれは正しかったとまだ言っているのです。責任を認めた上での謝罪がなければ、核兵器はなくならないと思います。

オバマ大統領が原爆死没者慰霊碑に献花をした後、安倍首相が自分のレガシーをつくるためにしゃべったのですが、あれは松井広島市長が、広島を代表して、広島の訴えをきちんとしゃべるべきだったのです。広島は、彼らのレガシーをつくるためのいわゆる貸し舞台になったなと思いました。

5章

# 広島市長として

市長時代、執務室にて

## ■市長時代（1991～1999年）

私は2期8年、市長を務めましたが、「ヒロシマ」市長として、被爆の歴史を背負い世界に平和を訴えていくという役割を担う一方で、地方自治体の「長」として、まちづくりや市民の福祉の向上に努めるという役割も果たさなければなりません。都市づくりのハード面についていえば、広島平和記念都市建設法の理念を貫くことが重要です。そして基本計画に沿った道路や橋、区画整理事業などは、計画から完成まで10年も20年もかかりますから、市長として受け継いだ継続事業を着実に進めていくことになります。

一方、時代の変化や市民の要望に応えるために、新しい視点で行政を進める必要があります。振り返ってみると、任期中、いろいろなことをしてきたのですが、ハード面で力を入れたのは、下水道の普及率の向上でした。ただ自分があれもやった、これもやったと言うのも、自慢話のようで嫌だな、と思っていました。けれど見方を変えれば、税金を使って職員や市民と一緒にやったということですので、思いつくまま、話しておきましょう。

私が広島市長選挙に当選したのは、1991(平成3)年2月です。立候補を決意したのは、その前年の11月。市長選なんて思ってもみませんでしたが、広高時代の先輩だったマツダの藤井明専務から口説かれ、当時、商工会議所の会頭であった橋口収さんからも、広島は3年後のアジア競技大会[①]を成功させなければ、ダメになると言われ、「お前が出るのなら、おれが集めてやるよ」と市長になることを迫られたりもしました。その頃、バブルがはじけて広島の活力は低下し、広島にもたらされる広告収入は減って、アジア大会のための資金が集まらず、失敗の恐れがあったのです。

元々、まちづくりに関心があり、今のフードフェスティバルのような「田舎を飲み食い語る会」などを有志でやり、パイナップルを仕入れて売ったこともあるのです。選挙の時に、そうしたことでつながっていた地域の人たちやその親戚の人たちが応援してくれて、広島市民のルーツというのは、県外の人もいるけども、大半が県内の農山村にある人たちだったのだと、あらためて認識しました。

**①アジア競技大会**
アジア・オリンピック評議会(OCA)が主催するアジア地域を対象にした国際総合競技大会で、原則4年ごとに開催される。1951(昭和26)年にインド・ニューデリーで第1回夏季大会が行われ、1994(平成6)年には広島で第12回大会が開催された。冬季大会は1986(昭和61)年に札幌で初開催された。

市長に就任した直後の3月、市が発注し安佐南区で建設工事中だったアストラムラインの橋桁が落下し、15人が死亡、8人が負傷するという、不幸な事故が起こりました。私は被害者の弔問と見舞いのため、未明まで駆け回りましたが、市が発注した工事で多くの犠牲者を出したことは、今も忘れられない痛恨事で、胸が痛みます。

事故の処理に忙殺されながら、3年後に開催されるアジア大会の成功を目標に掲げ、準備に向けてやるべきことを始めました。

## ■広島駅南口の再開発計画の見直し

市長になってすぐ行ったのは、広島駅南口の再開発計画のストップです。地権者である薬局の経営者らの反対で、開発自体がスムーズに進んでいなかったのですが、アジア大会に間に合わせようと、いびつな地形のまま進行中だったのです。私は駅前だからきちんと整備したいと思い、いったん計画にストップをかけて、彼らの説得に当たりました。その後、1999(平成11)年に、エールエール

Ａ館や地下広場が完成しました。

## ■旧広島空港の存続の要請

旧広島空港②の存続については当時の竹下虎之助県知事に要請し、県は１９９２（平成４）年11月、旧空港敷地について「コミューター・小型機の就航する飛行場として整備を図る」という要望書を国に提出しました。都市機能の一つとして空港も大事ですから、いろいろな将来計画を考えると、私はやはり残しておくべきだったと思うのです。

滑走路を埋め立て地の沖へ延伸して、南道路は地下に入るように計画していたのです。そうしたら飛行機の邪魔になりませんから。職員たちも、一生懸命苦労して「地下に、地下に」と計画を作っていたのです。ところが、私が退任した後、南道路が高架になってしまったので、空港が使えなくなりました。

都市空港というのは危険性もあるし、他にもいろいろ問題もあり

**②旧広島空港**
１９６１（昭和36）年、広島市西区観音新町に国営の広島空港として誕生。１９７０年代の半ばから空港の国際化が進むが、市街地に近いこの空港は拡張が困難となり、１９９３（平成５）年、広島空港は三原市に移転。ここは県営の「広島西飛行場」となったが、２０１２（平成24）年に廃港となり、「広島ヘリポート」が設置された。

ますが、私は将来、広島からアジアの国へ行き来するのに、中型機なら飛べると思っていたのです。近隣の、特に上海、北京、ソウル、香港くらいなら、大きな機体のジャンボ機でなくても中型機で飛べますから。将来の課題として、駐機場が足りないということであれば、山陽高校に移転のお願いをしてもいい、そうすると広くなるので駐機場もできるなと思ったりもしました。ちょっと夢みたいなことですけれど、考えてはいました。残念ながら、結局、私の力不足でできなかったのですが。

将来、航空機の製造技術が進歩したら、滑走路も短くて済み、騒音も少ない飛行機ができるかもしれません。その意味で残したかったのですが、違う考えもあるでしょう。

## ■ハイケア（HICARE＝放射線被曝者医療国際協力推進協議会）の設立

1991年に、ハイケア（HICARE）を設立しました。これは、世界の各地で発生している放射線被曝による被災者の救援や治療を目的として、海外に医師が出向いたり、日本に呼んできたりして支援しようという組織です。1986（昭和61）年にチェルノブイリ原発事故③があったりしたものですから、当時の竹下県知事から相談があり、県が7000万円、市が7000万円を出して、そういう組織を作ったのです。東日本大震災の時の支援を行ったり、医師の教育を行ったりして、今も活動しています。

③**チェルノブイリ原発事故**
1986年4月26日、旧ソ連ウクライナ共和国の北部にあるチェルノブイリ原発で爆発事故が発生。大量の放射能放出が続き、日本でも5月上旬に観測された。事故による死者は30人余、避難民は13万5000人と報告されている。崩壊した原子炉と建屋を囲い込む石棺の建設には半年を要した。

## ■アジア競技大会の開催へ向けて

1994（平成6）年10月にはアジア競技大会を開催することになるのですが、当選直後から、必ず成功させないといけないと思っていました。そのために市長にさせられたようなものですから。あの時はバブルがはじけて、開催準備が進んでいませんでした。それまで経済界も応援しようという気運が高まっていたのですが、不景気になったものだから、みんな腰が引けていました。

市の職員のほか、中国新聞社やRCC（中国放送）、電通などから来た人たちで事務局を作っていたのですが、うまく機能していないようでした。そして、その年の3月の末でしたか、中央から来ている大会組織委員会の事務総長が、市長が変わったから辞めたいと言ってきて、東京へ帰ってしまったのです。準備をしっかりやらないといけないのにこれは大変だということで、すぐ助役に兼務してもらいましたが、軌道に乗るまで1年かかりました。

## ■一館一国・地域応援運動

そして大会の機運を盛り上げるために始めたのが、「一館一国・地域応援運動」です。最初、参加する国と地域を応援する取り組みに、子どもたちに参加してもらおう、小学校でやったらどうか、というアイデアが出たのですが、公立の小学校は、教職員組合が君が代や日の丸に反対するということで、この案は実現しませんでした。そこで当時、61あった公民館に一国ずつ参加国を振り分け、それぞれ担当する国の文化、言語、歴史を勉強して、その国を応援していこうじゃないか、ということになったのです。結局、これが良かったのですが、地元住民を巻き込んで大いに盛り上がりました。

## ■広島未来大学

この運動は、後のボランティア活動にもつながっていきました。アジア大会が成功したのは、市民ボランティアの力なのです。その市民の力をこの先も地域づくりに生かしていこうということで、市役所の庁舎内に広島未来大学という講座を作り、市民20人くらいが一期生となりました。一館一国運動でカザフスタンやカンボジアを担当した市民たちが核となって、その後カザフスタンの被曝者支援を行ったり、「ひろしまハウス」という交流施設をカンボジアに作ったりしました。そうした国々とは今でも交流を続けているのですが、私も市長を退いた1999年から、さまざまなボランティア活動のお手伝いをしています。

## ■被爆50周年の事業

1995（平成7）年1月17日早朝、阪神・淡路大震災が起こりました。私の二期目の選挙運動中でしたが、すぐ応援の消防隊を派遣しました。

高架道路やビルが崩れ、黒煙を上げて燃える市街の状況がテレビ画面に映し出されるのを見て、都市災害への備えの重要性と市民の暮らしを守る行政の責任の重さを痛感させられました。

この年は広島市にとって「被爆50年」という節目の年でした。原爆で壊滅した広島市が、多くの市民の努力によって近代都市としてよみがえり、発展してきた歴史を振り返るとき、今を生きる私たちは、次の「被爆100年」へ向けて新たな一歩を踏み出す大切な年だと考えました。

その記念事業の一つとして、「ひろしま2045ピース&クリエイト」という事業を始めました。これは、デザインの優れた建築家に公共建築物の設計を任せて、個性的で魅力ある美しい広島の街を創っていこうという企画です。この企画で創られた建築物には、広島市立矢野南小学校、広島市立基町高等学校、広島市環境局に属する中工場（清掃工場）、西消防署などがあります。中工場は、映画『ドライブ・マイ・カー』（2021年）に登場するなど話題となりました。

それから、21世紀はがき運動。被爆50周年ということで市民が何を考えていたか、「未来へのはがき」に書いてほしいと募集したら、9万通ぐらい来ました。その中から選んだものを本にし、はがきはタイムカプセルに入れて、被爆100年の2045年に開けようということになっています。

さらに、次世代へ平和への思いを継承するため、平和祈念式典で初めて、こども代表が「平和への誓い」を述べました。こども代表の決意表明は、以後毎年続いています。

また被爆者のための事業として、被爆者療養施設の神田山荘に温泉を掘りました。これを一般市民にも無料開放できるようにしようと思ったのですが、浴場組合から「民業圧迫だ」とクレームがついたため、結局、入浴料に差をつけ、被爆者は無料、一般市民は有料としました。

## ■広島平和研究所の設立

広島市民の願いは、核兵器廃絶と世界平和の確立です。

私は、広島の平和構築は、三つのレベルで進めるべきだと考えていました。第一は世界の自治体、都市レベルでの交流です。第二は草の根、市民レベルの交流、第三は日本政府、国際社会に対して積極的に働きかけることです。この三つが重層的に活動することによって、広島の平和への思いを、世界に向けて発信することができると考えていました。

自治体、都市レベルでの平和活動は、荒木武市長時代に始まった世界平和連帯都市市長会議（現在の平和首長会議）の加盟都市が、8200を超えて順調に伸びています。また、草の根、市民レベルの交流も年々発展しています。私が1997（平成9）年の平和宣言で、「ヒロシマの体験が、再生の過程で生み出した平和の文化は、

全国市長会議にて（1992〈平成4〉年6月）

人類の希望の灯である」と述べた時、私の頭の中にあったのは、当時活発になり始めた草の根、市民交流への手応えでした。

　同時に、日本政府、国際社会に対する広島の発言を支える平和研究の必要性を感じていました。このため、1998（平成10）年4月、広島市立大学に広島平和研究所をつくりました。初代の所長に国連事務次長としてカンボジアの再建に取り組んだ明石康さんに就任してもらいました。ウクライナ戦争で核使用の危機が増すなか、平和研究所の役割はますます大きくなっており、市民の期待に応えてもらいたいと願っています。

## ■大邱《テグ》広域市と姉妹都市提携

アジア競技大会によって、広島市民の間にアジア諸国との交流機運が高まってきました。特に、韓国大邱市との間で市民交流が盛んになりました。大邱市は韓国第三の都市で、在日韓国人団体をはじめ、放送局、大学、弁護士会などの交流が活発でした。

こうした民間の動きと熱意が実って、1997年5月に大邱市と姉妹都市提携の調印を行いました。目的は両市民間の友好と相互理解の促進によって、国際平和に貢献しようとするものです。特に青少年の交流に力を入れることを目指しました。

日本と韓国の間は、歴史認識の問題もあって、とかくぎくしゃくしがちですが、都市提携による市民同士の交流によって、相互理解が進み友情が生まれることは、日韓両国の将来に明るい未来をもたらすものと考えます。

また1998年6月には、カナダのモントリオール市との間でも、姉妹都市提携を結びました。経済交流や植物園交流のほか、平和活動にも力を入れている同市では、毎年8月6日に平和記念式典が催されています。

## ■韓国人原爆犠牲者慰霊碑の移設

1996（平成8）年12月には、ユネスコ第20回世界遺産委員会メリダ会議で、核兵器の惨禍を伝える建築物として原爆ドームが世界遺産に登録されました。

私の市長としての最後の仕事は、1999年に韓国人原爆犠牲者の慰霊碑を平和記念公園の中に移設したことです。

李《イ》鍝《ウ》殿下は韓国李王朝の末裔でした。陸軍士官学校を卒業し、終戦の年には陸軍中佐となっており、朝、馬に乗って陸軍第5師団へ行く途中、爆心地から710メートルの地点で被爆しました。捜索隊は瀕死の状態で倒れている李鍝を発見し、本川橋のたもとから船で似島の救護所へ運びましたが、翌朝亡くなりました。その後、お付きの吉成弘中佐は責任を感じて切腹しました。李鍝の遺体は吉島飛行場から輸送機で故国に運ばれ、ソウルで8月15日に国葬が行われたのです。

　慰霊碑は元々、李鍝が発見されたという本川橋西詰めに設置されていたのですが、その場所が平和記念公園の外にあるということで、差別だという韓国人がいました。李鍝に対する評価というのはさまざまで、自分たちの祖国を売った李王朝の一族だから国賊だ、という人がいる一方、李鍝を敬愛する人もいたりしました。市長である私のところにも修学旅行生から「差別だ」という手紙がどんどん送られてきたりして、外交問題にも発展しそうな感じでした。

　元の場所においておけば、この先ずっと広島市が差別だと言われ続けるから、平和記念公園内に入れようと思いました。入れるに当たって、被爆者医療に尽力した外科医であり広島の名誉市民である原田東岷さんには、「ああいうものを入れると政争の具になる」と反対されましたし、在日本大韓民国民団（民団）や在日本朝鮮人総聯合会（総連）との関係や右翼団体の動向など、いろいろなことがありましたが、公園内に移設してよかったと思っています。Ｇ７広島サミットでは、日韓両首脳が参拝しています。

## ■サッカースタジアム、マツダスタジアム

２００２（平成14）年のＦＩＦＡワールドカップの日本誘致のため、11の自治体が1億ずつ資金を出して誘致運動を行ったのです。ところがＦＩＦＡの規則を満たすためには、西風新都のエディオンスタジアムに屋根をつけなければならず、それには１４０億円かかるということでした。けれども、日本の単独開催ではなく韓国と共催になり、誘致しても広島で行われるのは2試合でしたので、そのためだけに１４０億円かけるのは、ばかばかしいと思いました。そ

して実はちょうどその時、現在、マツダスタジアムになっている元国鉄の土地が、110億円で売り出されたのです。それで、こちらの方が大事だということになり、その資金でマツダスタジアムの土地を買いました。

市民球場を建て替える必要があったので、候補地としていいと思いました。もし、現地建て替えになっても、その土地は将来、有効に使えると思ったのです。広島市は西風新都に相当資金を突っ込んだため、市東部への投資がだいぶ遅れていたのです。東部の開発や海田町との合併計画もあって、将来のために種地が必要だと考えたのです。

でもあの時は、スタジアムの屋根をやめたということで、中国新聞にも随分叩かれました。確かに市民に対する説明が足りなかったことは認めますが、その説明をする暇もないくらい、サッカー協会とやりあっていたのです。

## ■「ひろしまの歌」がほしい

１９５０年代、ギターを抱えて屋台や酒場を回る芸人がいました。〝流し〟と呼んでおり、３曲１００円だったと思います。今はカラオケ全盛なので姿を消しましたが、若かった私たちはギターの伴奏でよく歌ったものです。

そんな時、残念に思ったのは、広島には〝全国版〟の演歌がないことです。札幌、東京、横浜、京都、大阪、神戸と日本列島を下がってきた〝ご当地ソング〟は、広島を素通りして博多、長崎、沖縄へと飛びます。なかでも同じ被爆都市ですが、長崎は雨が降っても、鐘が鳴っても歌になるのです。広島に〝全国版〟の歌があれば、どんなにか都市のイメージが上がることだろうと、昔から思っていました。

そこで１９９６年、３年計画で「ひろしまの歌」をつくることを始めました。1回目の１９９７年には、広島の歌手、南一誠さんに「慕情の街」「ひろしまかくれんぼ」という新曲を歌ってもらいました。

2回目の1998年は、歌詞を公募しました。全国から218点も集まり、作詞家の石本美由紀さんにも審査に加わってもらい、「ひろしま気分」が選ばれました。作曲はあきたかしさん（RCCの水野喬さん）にお願いし、当時売り出し中だった田川寿美さんが歌いました。今、何とかカラオケ歌詞全集には収録されるようになりましたが、なかなか〝全国版〟にはなりませんでした。

今の若い人たちは、ラップやラップ調の曲を好んでいますから、演歌調には惹かれないのでしょう。パソコンやスマートフォンの普及で、音楽も個別に楽しむようになり、お年寄りから子どもまでが一緒に歌う曲などはなくなりました。歌の流行などというものは、行政の音頭取りで実現できるものではないことは、わかってはいたのですが……。

## ■終了した広島国際アニメーションフェスティバル

先ほど駅前再開発の話をしましたが、福屋のエールエールもできてから30年経っています。鉄筋の建物も50年も経てば、ぼつぼつ改築を考えないといけないかもしれません。

市長の頃、広大の跡地をどうしようかという話がありました。いろいろな計画のうち、「遊創の森」というプランがあって、オペラ座を作るか音楽堂を作るかという話になったのですが、私は映像文化ライブラリーのような映像の殿堂を作りたいと思っていました。

というのも、広島には映像文化の歴史があるのです。広島国際アニメーションフェスティバルは、フランスのアヌシー、カナダのオタワ、クロアチアのザグレブと並んで世界4大フェスティバルといわれており、歴史があったのですが、2020（令和2）年に終了し、昨年（2022〈令和4〉年）は「ひろしま国際平和文化祭」のメディア芸術部門の事業となりました。終了した経緯はわからないですが、ずっと続けていたのに、もったいないなあと思いました。

要するに、広島はアニメの歴史があるし、同時に原爆関係の映像もある。そういうのを集めて、映像の殿堂のようなものを作りたいという思いがあり、遊創の森へ作ってはどうかなと、安藤忠雄さんや三宅一生さんと、日本銀行の旧館の活用を相談したときに、話したことがありました。

そうしたら今度は、県庁舎が耐震設計になっていないので建て替えるということになり、その候補地を選ぶ委員になったのです。その時に候補地として、広大の跡地、広島駅の北口、それから現在地という案が出て、この三つでどうするかという話になりました。私は駅北口を推したのですが、本当はアストラムラインも延伸して広大跡地にしたかったのです。

でも、もし災害が起きた時、あそこは市役所と地盤が一緒なので、両方が機能を失ったらまずいと思い、駅北口の方がまだ地盤がしっかりしているのでこちらにしようと思っていたのですが、結局、現在地で耐震工事を行うことになり、遊創の森プランは頓挫しました。県も資金がなかったのでしょう。広大跡地を知の拠点にしようという思いがあったのですが、遊創の森がダメになって、それは残念に思います。

## ■広島広域都市圏形成懇談会を設立

自治体はそれぞれ、地域住民の福祉向上のためにさまざまな事業を行いますが、医療や福祉、消防、ゴミ処理の問題、水の問題など、生活していく上でどうしても必要なものを、広域都市圏のような構想で、いろいろな町が共同でお互いカバーしながら、効率的に進めることが必要だと思いました。

そうした考えのもと、広島市を中心として東西に広がる13市町が④広域行政をしようと考え、1993（平成5）年に、広島広域都市圏形成懇談会を設立しました。火葬場とか消防とか、ゴミの処理、水の問題などを単独でやると非常に難しいのですが、合併をしなくても圏域全体でそういうことを共同で行って、圏域内の町の活性化を図るという目的がありました。最初は、東は竹原から西は大竹まで、廿日市、広島、東広島、吉田町（安芸高田市）も入っていたと思います。その後、三原や、山口県の岩国や柳井も参加したいということになったのです。2022年6月時点では28市町での構成と

**④広域行政**
予算や人員が限られている市町村が、少子高齢化や環境問題、日常生活圏の拡大・広域化など、さまざまな課題に的確に対処し、住民サービスの向上を図る目的で互いに協力し、広域的な視点から種々の事業やまちづくりを連携して行うことを、広域行政という。

なり、名称も「広島広域都市圏協議会」に改称されています。

広報の乗り入れや職員の交流・研修などから始めたのですが、広島市の独善、一人勝ちにならないよう気をつかったことを覚えています。

## ■市長退任を表明

1998年9月、私は次の市長選挙には出ないと表明しました。誰にも相談せず一方的に発表したので、後援会長や支援者から叱られました。相談したら、止められるに決まっています。

私は元々新聞記者出身で、自由気ままなマスメディアでの暮らしが身についていましたから、市長になって勝手な行動はできず、窮屈な思いをしていました。トシをとると誰しも体力・気力が衰えます。判断力も鈍りがちです。ちょうど70歳になるので、これを機に、〝老害〟と言われる前に辞めようと決めたのです。

もう一つの理由は、二期目の選挙の投票率の低さでした。

1999年2月の三期目の選挙に出ても、投票率は上がらないと予想されました。市民に市政への関心を持ってもらうには、選挙戦が盛り上がらなければなりません。できれば、志を持った人がたくさん立候補して選挙戦を展開すれば、投票率が上がるだろうと考え、早めに準備してもらおうと思って、前年の9月に不出馬を表明したのです。

戦争中は20歳までに死ぬことを強いられていましたが、幸い敗戦によって命を長らえたものの、70代で人生が終わるだろうと思っていました。意外にも、今日まで生きてきました。寿命だけは「神のみぞ知る」です。

## ■被爆50周年を迎えた年、核兵器不拡散条約の無期限延長

広島市長在任中で最も記憶に残るのは、1994年のアジア競技大会に続く、被爆50周年に当たる1995年です。

被爆50周年のさまざまな場面で、私は「ヒロシマ」市長として、

発言する機会がありましたので、国内外の多くの人に、広島の願いを知ってもらいたいと思い、講演を頼まれればできる限り引き受け、マスメディアにも積極的に顔を出しました。

アメリカとソ連の冷戦⑤が生み出した核兵器の拡散を防ぐための核兵器不拡散条約（ＮＰＴ）は、１９６８（昭和43）年、アメリカ・ソ連・イギリスの核保有3か国と、非核保有国53か国との間で締結され、2年後に発効しました。

ＮＰＴの内容は、非核保有国は核兵器を持つことはできないが、国際管理のもとで平和利用を進めることができる。一方、核保有国はすみやかに核軍縮に努力する、というものでした。ＮＰＴにはその後、中国、フランス、日本も加盟し、現在、締約国は１９１か国となっているのですが、発効後25年経った１９９５年に期限が切れることになっていました。けれどもその年、再検討会議と同条約延長に関する会議が同時に行われ、条約の無期限延長が決定されたのです。

私は同年8月6日の平和記念式典で発表した平和宣言で、ＮＰＴ

**⑤冷戦**
第二次世界大戦後の米ソ二大国を軸として東西（社会主義圏・資本主義圏）を二分した陣営の対立。米ソが直接交戦することはなかったが、あらゆる面で厳しく対立した。第二次世界大戦末期から始まったが、１９８０年代に入り東側の社会主義圏が急速に崩壊し、１９８９（平成元）年に米ソ首脳により冷戦終結が宣言された。

を無期限の条約にしようとする核保有国の動きに、強い危惧の念を表明しました。

その前年、広島市で開かれた外務省主催のシンポジウム「外交の窓・inヒロシマ」においても、「NPTの無期限延長は核保有国の核兵器保有を永久的に認めることになる。日本政府は反対すべきだ」と外務省事務次官に迫りましたが、彼は「核軍縮をするのは核兵器保有国なので、それらの国が一致して反対することを要求するのは得策ではない。日本政府はNPTの無期限延長を支持する。そうしないと日本に核武装の意思があるとみられる。しかし、無条件ではなく核軍縮義務を要求していく」と答えて、譲りませんでした。

NPTの再延長が決まった直後とその3か月後に、中国は核実験を強行し、フランスも地下核実験を南太平洋のムルロア環礁で、同年秋から再開すると発表しました。それは両国のアメリカへの対抗意識の表れであると同時に、これからも核兵器を離さないという意思表示でもありました。

## ■核兵器使用の国際法上の違法性

ＮＰＴの無期限延長が決定された１９９５年の秋、核兵器の使用をめぐる国際司法裁判所⑥（ＩＣＪ、オランダ・ハーグ）での審理に、日本政府の「証人」として、広島・長崎両市長を申請したいと、外務省から連絡がありました。ＩＣＪとは、国連憲章に基づき設置された国連の主要な司法機関で、国によって付託される紛争の裁判をするほか、国際機関の要請があったときには勧告的意見を出すことができるのです。

１９９３年５月、ＷＨＯが「核兵器使用の国際法上の違法性」についてＩＣＪの勧告的意見を求めました。これを受けてＩＣＪは翌年６月を期限に、日本を含む関係国に陳述書⑦を提出するように求めたのですが、提出期限を前にして、日本政府が「核兵器の使用は実定国際法上、必ずしも違法とは言えない」という意見陳述書を準備していることがわかりました。

これに対して被爆者団体などが「被爆国の政府がそんなことでよ

⑥**国際司法裁判所（ＩＣＪ）**
１９４５（昭和20）年、米国のサンフランシスコで署名された国連憲章により設立され、翌年からオランダのハーグで活動を開始した。15人の裁判官で構成され、１か国以上からの審理要請を受けたときのみ、国際法に従って審理できる。ＩＣＪが自発的に紛争を取り上げ、処理することはできない。

⑦**陳述書**
訴訟において、本人やその訴訟で扱う事件について事情を知る者が、裁判官などに自身の考えや気持ちなどを詳細に説明するために文章に記した書面のこと。

いのか」と猛反発し、私も首相や外相に「核兵器の違法性を訴える陳述書を提出してほしい」という要請文を出しました。こうした動きに政府は「核兵器の使用は、その絶大な破壊力、殺傷力のゆえに、国際法の思想的基盤にある人道主義の精神に合致しないものであると考える」という新たな陳述書を作ったのですが、結局、国際法上の評価には踏み込みませんでした。

そして1994年12月に、国連総会も「核兵器の使用および核兵器による威嚇の違法性」について、ＩＣＪの勧告的意見を求める決議を採択したのです。そこでＩＣＪは各国に、翌1995年6月20日を期限に、国連総会決議に対する陳述書を、また9月20日を期限に他国の提出した陳術書に対する意見を求めました。これに対し政府は再び、「核兵器の使用は人道主義の精神に合致しない」という趣旨の陳述書を提出しました。

かねてから、広島・長崎の両市はこのＩＣＪの「核兵器使用の違法性について」の審理に際しては、被爆者と広島・長崎両市長に陳述の機会を与えてほしいと、日本政府とＩＣＪに対して要望していました。私は核問題に関する限り、日本政府が核廃絶の立場で陳述すべきであるし、その時は被爆地の声も併せて伝えるべきであると思っていました。

　結局、被爆者の陳述は実現せず、市長がその分も含めて陳述してほしい、ただ日本政府の方針に従ってやってくれ、ということだったのですが、政府の方針に従うことについては、私はそういうわけにはいかないと、伝えました。それでも政府の決定は、朗報には違いありませんでした。


　私は、広島の原爆による死者、被爆者、そして広島市民に代わって訴えることになったのです。しかし原爆で焼け野原となった惨状は知っていますが、被爆はしておらず、死者はもちろん、被爆者の苦悩を代弁することがいかに難しいかを、新聞記者時代の経験から痛いほど自覚していました。

　考えあぐねた末、私は原爆を他人事ではなく、「私」との関係でとらえ、自分に引き付けて書くことにしたのです。当日たまたま学

ハーグのICJにて、広島の原爆被害の実態を訴える（1995〈平成７〉年）

校を休んでいて生き残った私の妻、私が小学生の時に一緒に遊んでいた従姉妹《いとこ》、私が働いていた職場の被爆女性など、自分にかかわりのある存在と原爆との関係を述べることによって、被爆を抽象的な知識としてではなく、具体的な事実として認識できるのであり、そこに力点を置いて訴えようと思いました。

## ■国際司法裁判所（ＩＣＪ）での広島市長の口頭陳述

広島市長の平岡敬です。当法廷で広島の原爆被害の実態について陳述する機会を与えていただき、ありがとうございます。

私はここで、核兵器廃絶を願う広島市民を代表し、特に原爆により非業の死を遂げた多くの死者たち、そして50年後の今もなお放射線障害によって苦しんでいる被爆者たちに代わって、核兵器の持つ残虐性、非人道性について証言いたします。

広島・長崎への原爆投下は、従来の戦争被害の概念を覆し、人類の存在基盤を揺るがす甚大な被害をもたらしました。

政治家と軍人と科学者が協力して原子爆弾を開発し、それを人間の上に実際に投下することによって、核時代は始まったのです。

核の巨大な破壊力によって、全く罪のない市民が焼きつくされ、放射線を浴び、老人も女性も生まれたばかりの赤ん坊も殺されました。

この行為は、本来国際的に問題にされなければならない事柄なのです。しかし、歴史は勝者によって記され、このように悲惨で残酷な大量虐殺の行為でさえも歴史の中で正当化されています。

それゆえ、この50年間、世界はこの恐ろしい行為が人類にとって、どのような意味を持つのか、ということに真正面から取り組んできませんでした。

そのため、私たちは未だに膨大な核兵器の恐怖のもとに、生き続けなければならないのです。

広島の平和記念公園の慰霊碑には、「安らかに眠って下さい過ちは繰返しませぬから」ということばが刻まれています。過ちとは人類が戦争を起こすことであり、戦争に勝つために原爆を開発し、使用したことです。

私は原爆投下の責任を論ずるために、この法廷に立っているのではありません。先の戦争においては、我が国にも恥ずべき行為がありました。そのことを反省した上で、広島の被害はどのようなものであったかを、世界の人々に知ってもらい、このような悲劇を再びこの地球上で起こさないためには、核兵器を廃絶しなければならないということを訴えたいのです。

原爆の巨大なきのこ雲の下で焼けただれ、水を求めて苦しみもがき、死んでいった人々の思いを原点として、また自分の妻や子供が核戦争の犠牲者となった状況を考えて、私たちは核の時代、核と人間とのかかわりについて考えなければなりません。

## 1 原爆の瞬間的な無差別殺りく

1945年8月6日午前8時15分、広島市に投下された原子爆弾は、市の中心部の上空、580メートルで爆発しました。

この原子爆弾には、ウラン235が使用され、爆発した1キログラムのウランから発生したエネルギーは、TNT火薬15キロトン相当であったと推定されています。1945年当時、世界最大の爆撃機とされていたB29ですら、5トンの通常爆弾しか搭載できませんでしたから、広島は、一瞬にして3000機以上のB29による爆撃を受けたことになります。強烈な閃光と爆風が市街地をおおい、大音響とともに巨大な火柱が噴き上がると、同時にほとんどの建物は崩壊し、死者、負傷者が続出しました。

原爆被害の特質は、大量破壊が瞬間的に、かつ一斉に引き起こされ、老若男女の区別なく非戦闘員も含めて、無差別に殺りくされ、①熱線、②衝撃波と爆風、③放射線などが複合して被害が増幅することにあります。

まず、熱線による被害ですが、原子爆弾の爆発により、爆発点は摂氏数百万度の温度となり、直径約280メートルの火球が生じました。そこから発生した熱線により、爆心地付近で戸外にいた人は、瞬時に黒焦げになりました。爆心地から約2キロメートル離れたところでも衣服に着火したと記録されており、また、市内の多くの場所で同時に火災が発生し、ほとんどのものが焼失し、焦土と化しました。

次に、衝撃波と爆風による被害ですが、爆発点では火球によって数十万気圧という超高圧状態が生じ、強い衝撃波が発生しました。この衝撃波は、直接進んだ波と地面や建物に反射した波が影響し合って大きな被害を出しました。

また、衝撃波の後から非常に強い爆風が吹き抜けました。この爆風は、爆心地では秒速440メートルにもなり、多くの人が爆風で吹き飛ばされました。爆心地から半径約2キロメートル以内の木造の建物は倒壊し、それ以遠のところでも相当の被害を受けました。

こうした熱線と爆風により、当時の広島市の全戸数7万6327戸のうち、約70％が全焼・全壊し、残りの建物も半焼・半壊などの被害を受け、全市が瞬時にして破壊されたといっても過言ではありません。

そして、放射線による被害ですが、爆発直後の初期放射線――つまり、ガンマ線と中性子線が強く降り注ぎ、爆心地から半径約1キロメートル以内で、4グレイ以上の全身照射を受けた人の多くが死亡し、かろうじて生き残った人にも放射線による後障害が現れ、その後死亡したり、今もなお病魔とたたかっている人は少なくありません。

また、直接被爆しなくても、のちに被爆者の救援などで爆心地に近い場所に行った人などには、残留放射線[⑧]が障害を与えました。

当日、広島市には約35万人がいました。死亡者数について、広島市では、１９４５年12月末までに、約14万人が死亡したと推定しています。

ただ、被爆により一家全滅世帯が数多く発生し、地域社会が崩壊した上に、当時の記録も焼失し、被爆後十分な調査が行えなかったため、正確な死亡者数は、現在でもわかっていません。

死亡者の中には、当時広島にいた多くの韓国・朝鮮人のほか、中国人やアジア地域からの留学生、少数ながら米軍捕虜も含まれています。

## ２　原爆がもたらした人間的悲惨

ここで私たちが注目しなければならないことは、原爆がもたらした通常兵器とは異なる人間的悲惨の事実です。

原爆が人体に与えた障害は、既に述べたように熱線と高熱火災による火傷、爆風によるけが、放射線による障害の三つが複合的

**⑧残留放射線**
土壌や建築物の資材が中性子線を浴びることにより放射線を放出するようになる誘導放射線と、地表から巻き上げられた放射性物質を含んだチリやススの一部が、雨などと共に地上に降下する放射性降下物がある。外部被爆のほか、食べ物や空気と一緒に体内に入る内部被爆により、人体に影響を及ぼす可能性がある。

に絡み合って引き起こされたものです。この障害を総称して「原爆症」と言います。

原爆症は、急性障害と後障害に大別され、放射線の影響が今日まで続いているところにその特徴があります。放射線が人体に与える影響は、50年を経た現在でもまだ十分に解明されていませんが、医学的には放射線によって人体の細胞が破壊されることが障害の原因であると考えられております。

このように大量の放射線を浴びたのは、人類にとって初めての体験であり、人体への影響についてのデータはありませんでした。そのため、被爆後の医療活動は全く手探りの状態から始まりました。病院が倒壊し、医療スタッフの多くが死傷し、薬品や器材もないため、おびただしい数の被災者は十分な治療を受けることができず、次々と死を迎えました。

熱傷や外傷が軽度であっても、救助に走り回っていた人たちが数日から数週間して、発熱、下痢、吐血、全身の倦怠感といった症状を訴えて、あっけなく死んでいきました。これが原爆の急性症状でした。

急性障害は、被爆後4か月間に現れた障害で、熱傷や外傷による症状のほかに、初期放射線による特徴的症状として、爆心地から近距離の被爆者に、細胞や造血器の破壊と臓器の障害、免疫機能の低下、脱毛などの症状が顕著に現れました。

急性障害は4か月くらいで下火になりましたが、被爆後5、6年して、白血病患者が急増するなど、後障害が大きな問題となりました。後障害の特徴的なものは、火傷が治った跡が盛り上がったいわゆるケロイドのほか、白内障、白血病、甲状腺がん、乳がん、肺がんなどを中心とする諸種のがん、体内被爆者に生じた知的障害、発育不全を伴う小頭症⑨などがあります。

これについて、いくつかの事例を紹介します。

2歳のとき被爆した佐々木《ささき》禎子《さだこ》さんは、健康に育っているように見えましたが、10年後の1955年に放射線による白血病と診断されて、入院しました。

日本ではツルは長生きのシンボルとされているため、禎子さん

**⑨小頭症**
赤ちゃんの頭部が小さいか、出生後に頭部が成長を停止する状態で特別な治療法はない。小頭症で生まれた赤ちゃんは痙攣を起こしたり、成長するにつれて身体障害や学習障害に苦しんだりする可能性がある。

は、ツルを千羽折れば病気が癒《なお》ると信じ、ベッドの上で毎日飲む薬の包み紙でツルを折り続けました。しかし、その願いもむなしく、8か月の闘病生活の後死亡しました。

この事実は、被爆して何年も経ってから障害が現れる放射線の恐ろしさを示しています。

禎子さんの死と折りヅルの話は、子どもたちに大きな衝撃を与えました。世界の子どもたちが募金して広島の平和記念公園に折りヅルを高く掲げた少女の像が建てられました。その台座は、国内はもとより世界の人々から寄せられた折りヅルでいつも埋まっています。放射線後障害による少女の死によって、折りヅルは、核兵器廃絶と世界平和のシンボルとなったのです。

また、原爆が投下されたとき母親の胎内で放射線を浴び、その後に生まれた子どもたちのなかには、知能の遅れと身体の欠陥を伴った小頭症に代表される症状も現れました。

これらの子どもたちには、今や健常者になる道はなく、医学的にも何ら施す術は残されていません。何の罪もない当時の胎児たちの生涯に、原爆は消え去ることのない烙印を焼き付けたのです。

この子らの親たちは、既に老い、あるいは亡くなりつつあります。ある親は、「子どもも普通50歳になれば、年老いた親を保養地へ連れていったりするだろう。しかし、私の場合、親がいくら年老いても、常に50歳近い我が子の手を引いて連れ歩かねばならないのです」と、原爆が生んだ親子一体の悲劇を語っています。

原爆放射線が胎児に与えた、この人間破壊ともいうべき影響こそ、核兵器のもとでの人類の未来を暗示しているのです。

広島・長崎市内で直接被爆したり、救援活動のため市域に入り残留放射線を浴びた原爆被爆者は、現在、日本国内に33万人いますが、50年たった現在でもこれらの後障害で苦しみ続けています。

これまでの研究の結果、被爆者が発がん年齢に達すると、一般の人よりがんにかかりやすいこともわかってきました。また、現在、白血病のほか、乳がん、甲状腺がん、胃がん、肺がんなどに原爆による影響が認められています。しかし、体内に取り込まれた放射線が年月を経て何を引き起こすのか、すべてが解明されてはおりません。

原爆は、物的・人的被害を与えただけではなく、市民の経済的・社会的基盤を崩壊させ、辛うじて生き残った人々の社会生活そのものを破壊し、生活の困窮をもたらしました。

また、家族、親族関係の断絶により、原爆孤児、原爆孤老といわれる、社会的に自立できない若年者、高齢者が生まれました。一命をとりとめた被爆者は、いつ原爆症が発病するかわからない不安の中で、精神的、肉体的、社会的後遺症に苦しめられました。

### 3　被爆者の訴え

原爆が投下された時、私は広島を離れていましたので、被爆を免れました。

しかし、私の最も愛すべき親戚や多数の友人が犠牲となりました。当時女学校2年生だった従姉妹は爆心地から800メートルの地点で被爆し、その夜亡くなりました。「戦争がなかったら……。原爆さえ落ちなかったら……」という叔母の嘆きを聞くのは耐えがたいことでした。

また、私の妻も、当時女学校1年生で、当日たまたま体調が悪く学校を休んだため、被爆を免れました。しかし、級友のほとんどが死亡しました。そして、自分だけが生き残ったことは、今なお妻の心の底に重い記憶となって沈澱しています。

生き残った市民は、だれもが今なお被爆による精神的、肉体的影響から逃れることはできないのです。

広島の被害については、手記、絵画、写真・映画など、たくさんの記録があります。しかし、直接被爆した人たちは、そのどれもが自分たちの体験したこととはかけ離れ、とてもこの世の出来事とは考えられないと感じています。

「あの日の状況は、今語り継がれているような状況ではなかった。もっともっとひどかった。それは、とうてい言い表せない」というのです。

このことは、被爆の惨状は人間の表現能力や想像力を超えた、非人間的なものであったということを示しています。

私もまた、証言するに当たって、被爆の惨状を十分に伝えきれないもどかしさを感じています。

裁判官の皆様方には、ぜひ広島・長崎を訪れて、被爆の実相を検証し、理解を深めていただくようお願いします。

核兵器の問題を考えるためには、まず、生き残った人々の悲惨な体験を聞き、被爆資料に触れることは欠かせないことだからです。

私はかつて広島の新聞社で働いていましたが、同じ職場にいた顔や手に多くの傷跡を残していた年輩の女性のことを忘れることはできません。

夫を原爆で失った彼女は、自分の傷ついた姿を恥ずかしく思いながら、子どものために生き抜き、働いた後、16年前に亡くなりました。

33歳のとき、爆心地から1700メートルの地点で被爆した彼女は、その体験を5年後の1950年に次のように書き残しています。

「どこかで『あッ、落下傘だよ。落下傘が落ちて来る』という声がした。私は思わずその人の指さす方を向いた。ちょうどその途端である。自分の向いていた方の空が、パアッと光った。その光はどう説明していいのかわからない。私の目の中で火が燃えたのだろうか。夜の電車がときどき放つ不気味な青紫色の光を何千億倍にしたような、といってもその通りだともいえない。

光ったと思ったのが先か、どーんという腹の底に響くような轟音が先だったのか、瞬間、私はどこかにひどくたたきつけられたように地に伏せていた。それと同時に、頭へも肩へもバラバラと何か降って来る。目の前が真暗で何んにも見えない。

その時、急に私は田舎に疎開して行った3人の子がはっきりと目に浮んだ。不意に私は、そうしてはいられない衝動ではげしくからだを起しはじめていた。木片や瓦が、手で払っても払っても頭の上にかぶさって来て、なかなかからだが自由にならない。『死んではならないのだ。子供たちをどうするのだ。夫も死んでいるかも知れない。逃げられるだけは逃げなければ……』。私は無我夢中で這い出した。

ふと自分で吸う息がとてもくさいのに気がついた。『これは黄《おう》燐焼夷弾《りんしょういだん》というのかも知れない』。私は無意識に鼻と口を、バンドにはさんでいた手拭で思い切りぬぐった。その時私は初めて顔に異状を覚えた。ぬぐった顔の皮膚がズルッとはがれた感じにハッとした。

ああ、この手は——右手は第2関節から指の先までズルズルにむけて、その皮膚は不気味にたれ下っている、左手は手首から先、5本の指がやっぱり皮膚がむけてしまってズルズルになっている」

手記によると、彼女はこのあと夢中で郊外の収容所まで逃げのびたのですが、夏が過ぎ、秋が来ても傷口がドロドロに肉が溶けて、熟したトマトを突き崩したようになって皮膚ができませんでした。

翌年春になって、ようやく包帯がとれました。その時の自分のからだの状態を彼女は次のように書いています。

「左の耳は耳たぶが半分程に縮まってしまい、左の頬から口とのどへかけて、てのひら程のケロイドができて引きつってしまった。右の手は第2関節から小指まで、はば5センチ位のケロイドができ、左手は指のつけ根のところで、5本の指が寄り集まってしまった」

時間の関係でその全文を紹介できないのが残念です。どうかここに持参しました、原爆被害の科学的な調査報告書である「広島・長崎の原爆被害の概要」などを証拠として採用していただくよう要請いたします。

## 4　核兵器の非人道性

これまで述べてきたように、核兵器が恐ろしいのは、その強大な破壊力はもちろんですが、後代にまで影響を及ぼす放射線を発するからです。

戦争が終わり、平和を回復して50年たった今、なおも多くの人が放射線後障害で苦しんでいることほど、残酷なことはありません。

つまり、核兵器による被害は、これまで国際法で使用を禁じているどの兵器よりも残酷で、非人道的なものです。

国際法にいう一般市民に対する攻撃の禁止と、人間に不必要な苦しみをもたらす大量破壊兵器の使用が過去において、国際宣言や拘束力のある協定によって禁止されたことの根底には、人道的な思想が流れています。これこそが近代ヨーロッパから発した国際法の精神であります。

1868年の「セント・ペテルスブルグ宣言」、1899年の「特殊弾丸の使用禁止の宣言」（「ダムダム弾の禁止に関するハーグ宣言」）、1907年の「ハーグ陸戦条規」（「陸戦ノ法規慣例ニ関スル条約附属書陸戦ノ法規慣例ニ関スル規則」）の第23条、1925年の「毒ガス等の禁止に関する議定書」、1972年の「生物・毒素兵器禁止条約」などが生まれた底流には、人間の非理性的行為を防止しようとする人道主義が存在しています。

さらに、1961年の国連総会では、「核兵器・熱核兵器の使用は、戦争の範囲を超え、人類と文明に対し、無差別の苦しみと破壊を引き起こし、国際法規と人道の法に違反するものである」を内容とする「核兵器と熱核兵器の使用を禁止する宣言」が決議（国連総会決議1653〈XⅥ〉）されております。

市民を大量無差別に殺傷し、しかも、今日に至るまで放射線障害による苦痛を人間に与え続ける核兵器の使用が国際法に違反することは明らかであります。また、核兵器の開発・保有・実験も非核保有国にとっては、強烈な威嚇であり、国際法に反するものです。

現在地球上には、人類を何回も殺りくできる大量の核兵器が存在しています。核兵器は使用を前提として保持されていますが、核兵器の存在が平和の維持に役立つという納得できる根拠はありません。核兵器によって、自国の安全を守ることはできず、今や国家の安全保障は、地球規模で考えなければならない時代が到来しています。

核兵器が存在する限り、人類が自滅するかもしれないということは、決して想像上の空論ではありません。核戦争はコントロールできるとする戦略、核戦争に勝つという核抑止論[10]に基づく発想は、核戦争がもたらす人間的悲惨さや地球環境破壊などを想像できない人間の知性の退廃を示しています。

それゆえ、私たちは、広島・長崎の体験に基づいて核兵器の問題を考えるとき、さらに核保有国の核実験場周辺の被曝住民の苦しみを知るとき、核兵器廃絶を明確にする条約を結ぶことによって、世界は希望の未来へと足を踏み入れることができるのです。

私は、核兵器の問題を現在の国際政治の力関係のなかで考えるのではなく、核兵器は人類の未来にとってどのような意味を持つのかという視点から考察すべきであると思っております。

1981年2月、広島を訪問されたローマ教皇ヨハネ・パウロ2世は、「過去を振り返ることは、将来に対する責任を担うことです。広島を考えることは、核戦争を否定することです」と述べられました。

人類の運命は、今あなた方の手の中にあります。

どうか、神のごとき叡智と明察と人間への愛をもって、この核

⑩**核抑止論**
核兵器の保有はその壊滅的な破壊力のために、戦争を抑止する力となるという考え方。核兵器を使用しようとした場合、自国も相手国から核兵器による破滅的な被害を覚悟しなければならず、「恐怖の均衡」が最終的に核兵器の使用を思いとどまらせるという理論。

兵器問題に対して、正しい判断を下していただくようお願いして、陳述を終わります。

この後、世界の人々は息をつめて、ＩＣＪの判断を見守っていましたが、裁判官15人中、核保有国の判事が5人いるＩＣＪは、１９９６年７月に「核兵器の使用や核兵器による威嚇は一般的には国際法に違反」という勧告的意見を出したのです。しかしながら、自衛のための使用については判断を避けていました。つまり、核兵器使用の可能性を残してしまいました。

ＩＣＪの勧告的意見は、核兵器使用へのブレーキとなりましたが、核兵器不拡散条約（ＮＰＴ）に規定された核兵器国の核軍縮交渉は全く進展しません。このため、非核兵器国や国際世論の不満が高まりました。

そこでオーストリアなどが音頭をとって、２０１６（平成28）年に国連で「核兵器禁止条約」の交渉が始まり、２０１７（平成29）年７月に１２２か国・地域が賛成して採択されました。そして、批⑪

**⑪批准**
条約の締結に対する当事国の最終的確認、同意の手続きをいう。批准書の交換（2か国間条約）または寄託（多数国間条約）によって、条約の効力が発生する。日本では内閣が国会の承認を得て、これを行う。

准国が50か国に達したので、２０２１（令和３）年1月に発効しました。この条約は核兵器に対し、「核兵器は悪である」というレッテルを貼りました。その上で、核抑止力の非人道性を法的に規定したことは、大きな前進です。

２０２３（令和５）年1月現在、署名92か国、批准68か国ですが、核保有国はこの条約を無視しています。また、核の傘に頼っている日本政府も背を向けています。

広島・長崎を体験した日本こそ、人類生存のために、核兵器廃絶への先頭に立たなければならないと思っています。その第一歩が、核兵器禁止条約に加わることです。

# 6章

# 今こそ「戦争反対」の声を上げよう

若い人たちへ「歴史を学ぶことが大切」
(2023〈令和5〉年8月)

## ■「忘れる」ことが一番怖い

今、生存被爆者の数は、年々少なくなっています。やがては一人もいなくなる時が来ます。

これまで広島は、被爆者の生々しい証言を梃子《てこ》にして、核兵器の残虐性、非人道性とともに核兵器廃絶を世界に訴えてきました。被爆者自身の肉声は、聞く人の胸を打ちました。けれども、被爆の惨劇の証言者がいなくなった時、広島・長崎はどのようにして、原爆のむごさと世界平和への願いを伝えていくのか、という課題に私たちは直面していきます。被害・加害の戦争体験を語ることのできる世代は、いずれこの世から退場します。被爆者の証言に頼っているだけでは、被爆体験の継承はいずれ立ち行かなくなるでしょう。

私は、被爆体験の継承は、原爆ドームや旧広島陸軍被服支廠①などの被爆遺跡、平和記念資料館の被爆資料と並んで、音楽や文学、演劇、絵画、映像といった芸術文化の形をとることが、最もふさわしいと思っています。特に原爆ドームは、慰霊・平和と核廃絶への願

**①旧広島陸軍被服支廠**
東京にあった陸軍の被服本廠の支廠（支部）。1913（大正2）年、広島市南区に陸軍兵士の軍服・軍靴等の調達・製造・補給を担う施設として建設された。被爆直後は被爆者の臨時救護所として使用された。現存する国内最大級の被爆建物で、鉄筋コンクリート造とレンガ造が複合する希少な建物。

いをベースに、伝えなければいけないすべてを包み込み、体現している遺跡です。これを見るたびに、人々は原爆の悲劇と戦争の虚しさを思い起こします。

戦争の記憶のない若い世代には、中沢啓治さんの『はだしのゲン』やこうの史代さんの『夕凪の街 桜の国』のような劇画が大きな影響力を持っています。

過去を忘れ、過ぎ去った時間を捨てていくということは、時には生きていくための知恵として避けられないことですし、人間が常々繰り返してきたところです。

けれども、忘却が当たり前の人間の日々の営みの中にも、決して忘れてはならない記憶があり、その一つが原爆被爆の記憶、戦争の記憶なのです。

しかし、若い世代が自分の生まれる前の、経験したことのない事柄について、記憶の伝承を引き継いでいくことには大きな困難が伴いますし、多大な努力が必要です。

## ■被爆体験の継承とは

私たちがよく耳にする被爆体験とは、どういうものでしょうか。

被爆体験は、被爆者一人ひとりの体験の総体で、それは8月6日の記憶だけでなく、被爆者がその後の人生を生き抜いた体験なのです。

その体験から、被爆者は核兵器廃絶を訴え、世界平和の確立を願ってきました。

被爆体験の継承とは、その理念を次世代に引き継ぐことであり、同時に被爆者が生きていく中で直面した政治的、社会的、文化的問題を発見し、その解決のために努力するということです。例えば、差別の解消です。それが、継承ということであると、私は思います。

若い世代は、被爆者の「体験」に代わって、「記憶」を語り始めました。このようにして、被爆体験が被爆者だけのものではなく、多くの人が共有する歴史認識として蓄積されていくとき、被爆体験は結晶して私たちの思想や精神の一部となり、芸術作品の形を伴って、国境や世代を超えて伝えられていくと思います。これは、その他の戦争体験も同じなのです。

## ■アメリカの覇権と各国への影響

戦争は突然起きるものではありません。「平時」の延長線上に「戦時」が生まれるのです。

現在、世界情勢は不安定で、日本もウクライナの問題や、台湾、北朝鮮の問題などに影響を受けています。よく言われるのが、世界のパワーゲームの中で日本も軍備をしていかないといけない、平和、平和と唱えていてもどうにもならない、という考えです。

けれども結局、物事には必ず原因があり、その原因が何かを解明しない限り、そうした問題は解決しないのです。ウクライナとロシアの戦争の原因が何かというのをずっとたどっていくと、やはり第二次世界大戦後のアメリカの政策にたどり着くわけです。北朝鮮もそうです。なぜ、あんなことをやっているか。その原因をたどっていけば、やはりアメリカとの戦争状態がずっと続いているからです。では台湾はどうか。アメリカが中国の台頭を抑えようとして、台湾有事を言い出しているのです。

日本と中国には、日中友好平和条約、日中共同宣言②というのがあり、これからのいろいろな問題は、話し合いで解決をしようと書いてあるのです。それを守ればよかったのですが、東京都が先走って、尖閣諸島の購入を計画し、ゆくゆくは国有化することを狙ったのです。

尖閣諸島に関する領土問題は、日中間の問題だとお互いの国は知っているので、これは将来の課題にして棚上げし、今は仲良くしましょう、というのが日中友好平和条約なのです。それを棚上げせずに、当時の東京の石原都知事が都有化と言ってしまったのです。すると、慌てて野田首相（当時）も魚釣島など3島を民間の地主から買い上げ、国有化しました。それまでは、将来、日中共同で開発することがあるにせよ、当面はとにかく触らないでおこうということになっていたのです。

**②日中共同宣言**
1998（平成10）年11月、江沢民国家主席が訪日し、小渕恵三首相と首脳会談を行い合意した。21世紀に向けて両国の友好関係を深化させるだけでなく、国際社会やアジア地域の課題に協力して取り組むことをうたった。台湾問題では、日本は「改めて中国は一つであるとの認識を表明する」と明言した。

朝鮮戦争についても、本来は１９５３（昭和28）年7月に停戦になり、休戦協定が結ばれました。それから50年以上経っているのです。その間、何度も平和条約を結ぼうという動きはあったのですが、アメリカはそれに耳を傾けることはなく、緊張状態を続けました。次第に北朝鮮もしびれをきらして、韓国への砲撃をしたり核開発を行ったりするようになっています。

日本へ向けても、いろいろミサイルを打つなどして騒いでいますけれども、実はあれは、アメリカに向けてやっているのです。実際、過去に戦争をして、平和条約が結ばれていないのですから。ただ、日本もアメリカと同盟して経済的封鎖をしていますから、敵視されていることは事実です。

日本と韓国もこれまでずっといがみ合ってきました。これは中国もそうですが、きちんと定期的に外交をやっているか否かにかかってくると思うのです。緊張関係をなくすには、しっかりと外交をすること、それしかないと思います。けれども日本は外交をしていないのです。なぜかと言うと、これは推測なのですが、アメリカがさせないのだと思います。

1972（昭和47）年9月29日、田中角栄、周恩来両国首相が日中共同声明③に署名し、日中の国交が正常化してから50周年に当たるのが、昨年の2022（令和4）年でした。中国はきちんとした外交を切望していると思うのですが、日本は平和条約を結んだだけで、定期的には外交をしてこなかったのです。

ヨーロッパを例にとって外交の重要性を紹介しましょう。1963（昭和38）年にドイツとフランスで締結されたエリゼ条約（ドイツ・フランス友好条約。パリのエリゼ宮で調印された）というのがあるのですが、これはドイツとフランスの間で、年に1回か2回、定期的に首相が対談をするということを義務づけています。また、外務大臣も3回以上、定期的に会合をすることになっており、さらに青少年の交流を深める組織も作りました。こうした定期的な交流がEUの基にもなったのです。

**③日中共同声明**
日中国交正常化に関する合意文書。日本は、中華人民共和国を中国唯一の合法政権であることを承認し、満州事変以来の両国の不正常な状態の終結と、外交関係の樹立を宣言した。中国側は対日賠償請求権を放棄し、国交回復の記念として日本へパンダを贈った。

## ■日本の立ち位置

日本の場合、うまく外交できないのは、アメリカの「植民地」だからと言えると思います。もしくは、属国というべきでしょうか。その証拠を挙げると、例えば2022年8月、ペロシ米下院議長（当時）が来日したのですが、どこに着いたかというと、在日米軍の横田基地に到着しているのです。オバマ大統領が来日した時もそうでした。

日本の玄関口は羽田や成田なのですが、それを勝手に横田基地や岩国基地から、日本に入って来ているのです。帰りもそうです。みんなチェックもされていません。そういうことが果たして、独立国と言えるかどうかです。

アメリカが作った場所から来るというのは、日本がアメリカの植民地だという証拠だと思わざるを得ません。これは警備上の問題かというと、警備ならば可能ですから、そうではないと思います。私は「日本に来るのに、なぜ玄関から来ないんだ」と思っているのです。けれども多くの日本人はそのことに対して、なぜかわかりませんが、怒らないのです。

アメリカは自国の存在を脅かす国を叩いて、覇権を維持しようとしています。その大国のエゴイズムはロシアも中国も同じです。しかし、日本は戦前の軍国主義で失敗しました。平和がいかに大切であるか、を知りました。それだからこそ、私たちはアメリカと友好関係を保つと同時に、ロシアや中国やアジアの国々と仲良くしていかなければなりません。そのためには、大国のやり方について、時には忠告や苦言を呈することができるような、理論と見識と誇りを持った政治家が必要です。

「憲法9条」は時代に合わないという人がいますが、この理念は人類の理想世界の先取りです。アメリカの意向を忖度したり、目先の利害にとらわれるのではなく、人類共存、世界平和の実現へ向けて、努力する外交を展開すべきです。

## ■ウクライナ侵攻、ロシアだけが悪いのか

私は、ロシアに対しては、日本人のシベリア抑留問題もあり、いい感じは持っていないですけれど、ロシアだけが悪い、といって、ウクライナだけを応援するのも間違っているのでは、という気がするのです。ロシアが戦争を始めたことには大きな責任があります。しかし、プーチン大統領がなぜそうしたか、ということを知ることは、この戦争を理解する上で欠かせません。

今のウクライナは、私自身の戦争体験と重なるのです。たくさんの人が見捨てられる。死んでいくのです。ロシアの民衆もウクライナの民衆も「国のために頑張るんだ」と主張して戦っていますが、実際は、すべて支配者の言う通りになって、殺されてしまうのではないかと思います。それが戦争の実態です。

いろいろ理屈はあるようですが、犠牲になるのは弱い市民。それを、国は見捨てるということなのです。本当に国民の命が大事なら戦争はしないと思います。けれども、それを正義だとか、民主主義

のためになどと言って正当化していますが、すべて偽善だと思うのです。

アメリカも、ロシアとは比較にならないほど、イラクで非常に酷いことをやっていますから、イラクの犠牲者はウクライナの比ではありません。日本は、自衛隊は派遣しても戦闘はしませんでしたが、すごい殺りくをしていたアメリカに対して、批判もしなかったし何も検証しませんでした。参戦したイギリスは検証しています。

敗戦まで朝鮮で育った私には、北朝鮮とウクライナの存在が、ちょうど二重写しになり、京城へ帰るのが遅れていたら、あそこで逃げ惑っていたかもしれないと想像したりもしました。そういう危険な状況にいなかったから今があるのですが、ほんの少し違っていたら、同じ運命になっていただろうと思ってしまいます。

現在も、日本はアメリカの世界戦略の中で、いいように踊らされています。アメリカとの協力を通して進められた原子力開発や原子力発電所の建設、防衛力強化に向けた「国家安全保障戦略」「国家防衛戦略」「防衛力整備計画」の安保三文書などがいい例だと思います。1章で述べたように、安保三文書は国会の議論もないままに閣議決定し、それで、今年初めにアメリカのバイデン大統領に会いに行き、武器を買いますと約束しているのですから。

## ■ウクライナは「ミンスク合意」を守らなかった

ロシアがウクライナに侵攻する発端となったのが、ウクライナによるミンスク合意の破棄でした。

ミンスク合意とは、ウクライナ東部紛争の解決のために、2015（平成27）年2月にベラルーシの首都ミンスクで、ロシアとウクライナ、ドイツ、フランスの首脳が署名を行った合意のことです。

2014（平成26）年春、ロシアがウクライナ南部のクリミア半島を併合したのと同時期に、親ロシア派武装勢力がウクライナ東部のドネツク、ルガンスクの2州にある一部地域を占拠し実効支配したため、ウクライナ政府軍との紛争が始まりました。その頃、ウクライナは内乱状態だったのです。

同年9月には、ドンバス地域における戦闘の停止について、ウクライナ、ロシア、ドネツク人民共和国、ルガンスク人民共和国が、ベラルーシのミンスクで即時休戦に合意しミンスク議定書に調印したのですが、この合意は守られませんでした。そこで翌年2月、ドイツとフランスが仲介して、ロシアとウクライナ、ドイツ、フランスの首脳がミンスクで停戦に合意し「ミンスク2」と呼ばれる停戦協定に署名しました。

けれども、ミンスク合意には、親ロ派が支配する地域に幅広い自治権を与えるというロシアの意向が強く反映された項目もあったため、ウクライナ側はそれを認めず、合意を守らなかったのです。この合意後にも、断続的に小さな戦闘は続きました。

このミンスク合意について、2022年の冬に、ドイツのメルケル前首相がドイツの雑誌「ディー・ツァイト」(Die Zeit)のインタビューで、ミンスク合意はウクライナが防衛力を強化するための時間稼ぎをするものだったと暴露したのです。それを、フランスのオランド前大統領も認めているのです。これを知ったプーチン大統領は「だまされた」とものすごく怒りました。それまでは、ウクライナに対する攻撃は軍事作戦だと言っていましたが、この後は戦争になっていると言い出しています。

## ■ウクライナはアメリカの傀儡《かいらい》？

ウクライナ東部の新ロ派の政権は選挙で選ばれています。ところが、それをアメリカは気に入らなかったのです。アメリカにビクトリア・ヌーランドという女性の国務次官がいるのですが、当時はオバマ政権の次官補でした。彼女は、ウクライナ側をそそのかして親ロ派政権に対するクーデターを起こし、親米派の政権を樹立させ、人事まで決めていたのです。これは明らかな事実で、彼女の電話がすべて盗聴されており、アメリカ民主党の議員からも、彼女の声だと認められています。

このことからも、ウクライナはまさしくアメリカの傀儡政権なのだとわかります。アメリカが世界のリーダーというのであれば、世界の平和に対して責任を持たないといけないと思います。自分がロシアと話をするから戦闘をすぐやめろ、と言えばいいのに、反対に焚きつけているのです。

第二次世界大戦後の冷戦時代に、ソ連を中心とする東側の社会主義国家に対抗するために、NATO④（北大西洋条約機構）という西側の資本主義国家間の軍事同盟ができ、西ドイツなどを含めた加盟国が増えていきました。一方、ソ連は西側勢力の拡大に対抗する手段としてワルシャワ条約機構⑤を発足させたのですが、冷戦が終わったため、解散となりました。その時、NATOも解消すればよかったのです。ロシアを加えて、新しいヨーロッパの平和をどうやってつくっていくか、という作業をすればよかったのですが、NATOは残ったままになっています。ウクライナも現在、加盟を希望していますが、戦争中のため棚上げ状態になっています。

実は、そのウクライナも問題を抱えています。東と西の地域対立のほか、戦争中に、ナチスに協力した人たちの一部が、国内で大き

**④NATO（北大西洋条約機構）**
欧州や北米の30か国が加盟（2022年12月現在）する国際機関。中核的任務は「集団防衛」「危機管理」「協調的安全保障」の三つで、加盟国の領土・国民の防衛を最大の責務とする、政治的・軍事的な同盟。1949（昭和24）年、ソ連を中心とした東側に対抗するため設立された。

**⑤ワルシャワ条約機構**
1955（昭和30）年、ソ連と東欧の8か国が西側のNATOに対抗して結成した軍事同盟。同時期に西ドイツの再軍備とNATO加盟が認められたが、そのことに反発して組織された。だが、冷戦の終結、東西ドイツの統一などにより、1991（平成3）年に解体、消滅した。

な力を持っていて、ロシア語を話す住民を虐待するようになりました。その結果、内乱状態の混乱が続き、ロシアの軍事介入のきっかけをつくり出してしまったのです。

ですから、私たちは西側の情報だけで判断するのではなく、プーチンの話も聞くべきだと思います。ただ、先に手を出したので、それは間違っています。けれども、彼にも切迫感があるのでしょうね。放っておいたらNATOに取り囲まれて、もしウクライナがNATOに加盟したら、昔の冷戦時代のように、ミサイルから何から配備されるのではないかと恐れているのではないでしょうか。当時、ソ連がキューバへミサイル基地を作って、それを知ったアメリカが怒って一触即発となり、双方とも核兵器使用に踏み切るのではないかと危惧されました。今、あの時と似たような状態になっています。

## ■ウクライナ問題　日本は国際社会に和平の提案を

今の日本には、残念ながら地球的な視点で構想された世界観や歴史観をもった政治家がいません。現在、各国が直面している問題は地球規模の問題なのです。核もそうですし、気候変動の問題、コロナなどパンデミックの問題もそうです。人類として解決しないといけない問題を、各国が抱えているわけです。それを、きちんとした世界観、歴史観をもってどう立ち向かっていくか、リーダーシップが必要ですが、今、そういう政治家はいないです。

ウクライナ問題に対して、中国は2023（令和5）年2月24日に、即時停戦や和平交渉の再開など12項目の和平提案をしています。ちょうど1年前にロシアが攻め込んだ日に、提案をしています。それ以前に、王毅前外相がヨーロッパを回って、ウクライナのゼレンスキーにも会っているし、プーチンにも会っているのです。それはおそらく、和平提案に向けた根回しだと思うのですが、アメリカはそれを問題にしませんでした。アメリカが和平の提案を出せばいいのではないかと思うのですが、出すわけがありません。なぜなら、ウクライナはアメリカの傀儡ですから。ロシアを弱らせるために、武器を与え、やれやれ、と焚きつけています。

ですからやはり、日本が和平の提案を国際社会に出していくべきだと思います。アメリカが反対するから難しいのですが、本当はやらなくてはいけない。そうすると、日本は国際社会から信頼されるかもしれません。

というのも、地球上の3分の2ぐらいの国が、ロシアを敵と思っているわけではなく、中立の立場で、このウクライナ問題を見ているようなのです。ただ、アフリカの大統領は、「ロシアはわれわれを植民地にしなかった」と言っているのです。なぜかというと、アフリカの国はすべてヨーロッパの植民地だったので、西側諸国に対する不信感を根強く持っているからです。

それは中国も同じで、香港などを植民地として欧米に取られていますので、そういう共通の対外感情があり、アフリカへの援助を行っているのです。もちろん、その国の発展のために経済的に援助するという口実で、お金を出して懐柔する、というのはありますが、それはアメリカもやっていることです。

結局、中国も自国のためにやっているのかもしれませんが、自国のためにに世界が平和になるようにしていこうというのは、いいことだと思います。どの国も自国が大切で、エゴイスティックに経済的な力をつけたいと思っているはずです。だからこそ、戦争ではなく外交が必要なのです。お互いのエゴにどこかで折り合いをつけるのが外交なのです。戦争で折り合いをつけようというのは、間違っています。

それには、個人的な魅力を持つ政治家の力が必要となるでしょう。例えば、マレーシアのマハティール元首相。世界的な視点で平和を考えています。そういう小さな国でも偉大な政治家が出てくると、国際社会ではすごく尊敬されるものです。南アフリカにもマンデラ元大統領がいました。シンガポールのリー・クアンユーも有名な政治家で、小さな国ですが、彼もリーダーシップがありました。

## ■世襲の罪

今の日本にはそういう人はいないです。世襲⑥の罪でしょうか。2

⑥**世襲**
特定の地位（官位や爵位など）や職業、財産等を、子孫が代々承継すること。

世3世の政治家は、先代の影を追って追随していっているだけです。岸田首相もなぜ総理になったのか、総理になって何をやろうとしているのかという疑問を抱かせます。政治家になったというのも、彼は先代の跡を継いだだけという印象です。今は、質の高い政治家を出していく仕組みがないのです。

政治家は、尊敬される職業ではなくなったのです。利権まみれで、軽蔑される存在になりました。安倍元首相のときも国会での質疑は、モリカケ問題や桜を見る会などのことばかり。国会で総理が虚偽答弁118回で、それがまかり通っているのが、残念です。こんなことが許される日本は、国家とは言えないのではないでしょうか。

岸田首相も言うことがコロコロ変わっています。初めは所得倍増、そのうち資産所得倍増、貯蓄から投資へというふうに言葉がどんどん変わり、所得倍増はどこへいったかと思えるほど、その場に合わせて、軽々に発言しています。おそらく、自分の考えではないのでしょう。

残念ながら、今、野党がしっかりしていないし、誰も代わる人がいませんので、日本の将来は、あまり明るくはないなと、思わざるを得ません。先行きが明るくない、希望が持てないことの一つには、少子化問題があります。子どもが生まれない。それが以前からわかっていたのに政治家が全く手をつけませんでした。結婚して、子どもを育てることに経済的な不安というのもありますし、子どもを育てる環境が整っているかどうかということも関係すると思います。政治家から、日本をこんな未来にするのだというビジョン⑦が出てこないから、未来に希望が持てないのかもしれません。

しかも世間には政治に無関心な人が多いのです。こうした状況は、どうせ変わらないだろうという気持ちが根底にあるのかもしれません。そうなると、教育の問題になってくるのです。教育の問題は、以前からずっとありますが、戦争への道を開くのもメディアと教育。平和への道を開くのもメディアと教育なのだと思います。

**⑦ビジョン**
「見る」「見通す」といった意味合いをもつ英語由来の表現。日本語としては主に「将来の見通し」「未来像」「構想」といった意味で用いられる。

## ■日本が戦争をすると、一発で負ける

岸田首相が、平和への方向を示せば、今の日本はまた違った国になるでしょう。けれども、今は政府がアメリカと一緒になって中国を敵視し、戦争へ向けて煽っているから、メディアもそれに同調して、軍備拡張路線を黙認しています。そんなことをしていると戦争になると思います。万一、中国と戦争になるとしたらウクライナと一緒で、おそらく代理戦争になる可能性があるでしょう。アメリカからは日本に対して、武器をいくらでも売るから、やれやれとけしかけてきそうです。

そうなると日本全国が戦場になりますね。でも、食料がなくエネルギーもないので、戦争ができないのではないでしょうか。原発が57基（廃炉決定済も含む）あるけれど、あれだけ海沿いに並べると一気に攻撃されます。だから、国民の命を守ろうと思ったら、戦争をしないようにするのが一番です。非常に屈辱的なことがあるかもしれませんが、戦争は絶対に避けなければいけません。

繰り返しになりますが、もし日本が戦争をすることになったら、一発で負けるでしょう。原発は送電線が切られたらおしまいです。電力が来なくなったら、自家発電で数日はもちますが、でもすぐおしまいになります。それに、原発が一気に爆発したら、もう日本はないですから。戦争は絶対にダメなのです。

## ■敵対感情をなくす外交が不可欠

元自衛官の髭を生やした自民党の佐藤正久議員は、勇ましいことばかり言いますが、無責任だと思います。国民の命と暮らしを守るのだと言っていますけれど、守るために必要なのは、軍の強化ではないですね。

やはり、敵対感情をなくすような外交をしないといけない。戦後の日本には外交の柱が三つありました。一つめは国連中心主義、二つめは全方位外交でどの国とも仲良くする、三つめは専守防衛です。戦後はこの三本柱で動いていたのです。それが今や、国会での議論もなしに、武器を買うことを決めたりしているのですから、すべて壊れたといえるでしょう。

国連中心主義については、今、国連がちょっと機能不全に陥っているから、それに代わる新しい国際秩序を作りましょう、と日本が提案すればいいのです。国連は第二次世界大戦の戦勝国の発想で作られているため、国連憲章には旧敵国条項が残っていて、日本の立ち位置はまだ敵国なのです。1995（平成7）年、日本はドイツと一緒にこの条項を削除する決議案を提出して、賛成多数で採択されたのですが、実際に削除するには憲章の改正などが必要になってくるため、まだ削除されていません。

今度、日本は非常任理事国⑧になるのですけれど、やはり新しい国連のもと、新しい国際支援の方法を作ろうではないかとイニシアチブをとれるような、そういう総理であってほしいです。でも、今は何のイニシアチブもとっておらず、アメリカのいいなりに動いているという感じがします。これに対して、岸田首相はきっとすべて否定して、私は自分の考えで動いているのだと言うかもしれませんが、

**⑧非常任理事国**
国連安全保障理事会は、拒否権を持つ米国、英国、フランス、ロシア、中国の5常任理事国と、拒否権のない10か国の非常任理事国で構成される。世界の各地域を代表するように地域枠が定められており、非常任のうち5か国が毎年入れ替わる。

実際、将来のことをどう考えているのかなとは思います。私には、岸田首相は保身のためにアメリカの言うことはよく聞いて、ご機嫌を取っているようにしか見えません。

日本に米軍の基地がある以上、戦争になれば当然標的になります。沖縄もそうですが、近年、米軍が増強されている岩国が非常に心配です。だから戦争はしない、ということを、広島は言い続けないといけないのです。

今年のＧ７広島サミットで、ウクライナを応援しようということには絶対なってほしくないと思っていたのですが、そうなってしまいました。広島の地で、戦争に加担するようなことをしたら、次に広島が平和について発言しても、世界から支持されなくなるのではないでしょうか。また、サミットで発表された「広島ビジョン」では、核抑止力維持の重要性が強調されました。これは、戦後一貫して核廃絶と世界平和を訴えてきた広島の願いを踏みにじるものです。そういうことを、広島で表明したということは、とても重いことです。

## ■若い人たちへ――歴史を学んでほしい

日本の平和を維持するためにも、若い人たちには、歴史を学んでほしいと思います。歴史の中には、さまざまな教訓があります。そうしたことを学ぶためには、本を読むことを勧めます。さまざまな本を読み、過去のさまざまな出来事を知り、そこから学んで、これからの未来に生かしてほしいと思います。

例えば、「北朝鮮が悪い、中国が悪い」とずっと言っている人がいますが、その前の歴史を考えたときに、日本が中国や朝鮮半島で何をしてきたか、学んだ上で近隣諸国とどうつき合い、どういう未来をつくっていくか、考えることが大切です。相手と喧嘩ばかりして、相手より強ければいいという発想で、より良い社会がつくれるかどうか。私たちが望んでいる未来社会が、それでいいのかをよく考えてほしいと思います。

未来社会を考えるときに、どうしても国の単位で考えがちなのですが、今は、地球人的な感覚を持たなければいけない時代だと思います。例えば、宇宙飛行士。ああいう方たちは宇宙から地球を、国というものを越えて、地球人的感覚で見ているのですね。宇宙から見ると、国境線はありません。これからの未来というのは、そういう感覚を、すぐには持てないと思いますが、そういう方向を目指さなくてはいけないと思います。

先にも述べましたが、今、私たちが抱えている問題というのは、一国だけでは解決できない問題です。核の問題、気候変動の問題、パンデミック、そういう問題を解決するには、国家という意識を越えた、地球人的な目をもたないといけないのです。そう、若い人には言いたいです。

それをやるためには、まず足元から、どうすればいいか考えてほしいのです。まずは、きちんとした本当の民主主義が受け入れられるような社会をつくるべきなのです。けれども、現実は違っています。一応、民主主義とはいっているけれども、本当の意味での民意は反映されていないです。選挙制度の問題もあり、20～30％の票を得た政党がすべて仕切り、道理に合わないことをして、国民を牛耳っています。

軍事費の増大でおそらく今後、消費税か何かの税金が上がるでしょう。それに抵抗できない。それはなぜなのか、を諦めることなく問い続けることが大事です。

そして、選挙制度の問題も含めて、大きな視点で物事をきちんと考えていかないといけない。そういう、国家意識を超えた地球人意識をもっていかないと、核兵器の問題も解決しないと、私は思います。

実は、大きな視点でものを見ようという萌芽は広島にも、あったのです。１９４９（昭和24）年に、世界連邦をつくろうということで、10日間で10万人余りの署名を集めているのです。その時の広島市長が浜井信三さんです。浜井さんは嘆願書を、アメリカの当時の大統領だったトルーマンに送ったのです。世界連邦をつくってほしい、国連もあるけれども、世界連邦という形で戦争をなくしたい、それが広島の願いだと訴えたのです。しかし、トルーマンには受け取りを拒否されました。

その後、１９５４（昭和29）年に、世界連邦都市宣言というのを広島市議会で行っています。それは、世界連邦をつくる都市の、その先頭に立つ、という宣言なのです。そうした気概が、元々、広島にはあるのです。それが、いつしか言われなくなったのですが、きちんと記録には残っています。宣言は存在し、有効ではあるけれども、それを実現する行動をしていないのです。それをせず、ただ核兵器廃絶、世界平和といっているのが現状です。

## ■地球規模の視点を持つために

地球規模の視点を持つためには、まず環境問題に目を向けることが大切です。ゴミを出さないとか、緑を大事にしようとかいうことが一つ。これが一番大きいと思います。ものを無駄にしないという意識が大切だと思います。それから身近な友人、つまり国であれば、隣国の中国、韓国、朝鮮の人たちと仲良くしていくということ。あと、地域の活動に参加していくということ。ここ数年はコロナで実際には参加しにくい環境だったとは思います。たとえ、ネットでつながっていたとしても、本来はマスクのない友人関係ができればいいと思うのです。身近な人と平和な関係をしっかり築くことで、ものがきちんと言える社会をつくることができるのです。

先ほども触れましたが、歴史を学ぶということは大事です。今はネット社会で、スマートフォンが幅を利かせている時代ですが、やはり本を読んで知識を得ることが大事だと思います。私が古いアナログ人間で、本しかない時代で育ち、知識を得るには、テレビもなかったし、ラジオも国策に沿った内容でしたから、そう思うのかもしれませんが。

本を読むことで漢字を知る、覚えるという効用があります。今はパソコンで出てくるから、いざ書けと言われても、忘れて出てこなかったりします。昔は、新聞などもすべてふりがなが付いていたのです。だから子どもでも読めました。小学校3年生の頃だったと思いますが、文学全集にルビがふってあって、それで読んでいました。本を読むということは、ただ知識を得るためだけではありません。

読書によって歴史観、世界観を鍛え、世の中のさまざまな問題を考えることができるようになるのです。

読書に加えて、友人や先輩と話をする、議論をすることも必要です。すごい先輩がいるなら、太刀打ちできるためには、こちらも本を読んでいかないと話ができません。そうした人間関係をつくっていくことも大事です。

人間対人間ということでは、外交もまさにそうで、アジアの人々と信頼関係を築くことが大切です。１９８３（昭和58）年の中曽根康弘首相とロナルド・レーガン大統領の日米首脳会談がロン・ヤス会談と称されましたが、ロンだのヤスだのと言って、親しくなった気になっても、それが何だという気はします。「ああやっぱり、あいつはすごいな」とか、相手にそういうことを思わせるような、知識と教養を持つことが大切です。フランスの国会では、ギリシャ・ローマの歴史を根拠に、言葉を定義して議論をしています。また私がカザフスタンへ行った時、挨拶を受けたのですが、みんなのいわゆる「一言ずつ」が長くて内容もすごかったのが印象に残っています。自分をきちんと売り込むというか、小さい頃から訓練しているのだと思いました。

それに比べて日本は控え目です。だから本を読むのは大事です。本だけでなく、映画や音楽も教養を身に付ける一助になります。けれども、その教養を身に付けるということが、戦後は少なくなったような気がします。受験のための知識習得に終始するということでしょうか。

私の時代、旧制高校というのはただ勉強をするだけではなく、恋愛論を語り、天下国家を論じ、くだらないと思われるようなストーム⑨をやって、青春のエネルギーを発散していたのですが、戦後、そうした教育はなくなりました。旧制高校というのはエリート主義で、大日本帝国の時代を担う人材を養おう、ということでしたから、今の時代にそぐわない教育制度でした。しかし、これからは少なくとも、日本のことを考えて行動する、「ノブレスオブリージュ」（高貴な者の義務）の精神を持った真のエリートの養成が必要でしょう。

けれども、今の若い人は冷笑主義⑩というか、何となく「民主主義

**⑨ストーム**
英語の暴風や嵐の意味だが、転じて、旧制高校の学生が寮内や街頭などで、集団で騒々しく気勢を上げて楽しむことも指す。

**⑩冷笑主義**
個々の政治的主張や社会的活動を独りよがりであるとみなし、上から目線で蔑み笑ったりする態度のこと。近年、SNS上で若者を中心に蔓延している。

は古い。まだそんなことを言っているのか」と皮肉って冷笑するような風潮があります。日本人、日本国家もそうですが、理想主義というのが、薄らいできていると思っています。戦後すぐは、軍事で負けたものだから、これからは文化国家をつくろうという、思いがありました。しかし最近は、文化国家だとか文化人だとか、みんな文化がついて、非常に軽くみられるようになっています。だけど本当は、文化というのは偉大なのです。

## ■同調圧力に屈しない――メディアの在り方に思うこと

日本の政治自体が文教の予算を削ったり、減らしたりしています。教育の分野まで手を突っ込んできて、学術会議[11]の会員を政府が決めるということは危険な兆候だと思います。すべて、軍事偏重の方向へ行きつつあり、戦前の繰り返しにならなければいいがと思っています。そうした風潮に逆らうと、時代遅れだとか非国民だとかに、なりかねない。それが怖いと、私は思います。

⑪**学術会議**
日本学術会議は、科学者の総意の下に、日本の平和的復興、人類社会の福祉に貢献し、世界の学界と提携して学術の進歩に寄与することを使命として、日本学術会議法に基づいて設立された。独立して職務を行う機関で内閣府に設置されている。

同調圧力⑫のようなものでしょうか。

戦争中がそうだったのですが、周りと少し違うことを言ったら非国民だと非難されました。今は政府ではなく周囲が言うようになっています。怖いです。「平和」ということが言えなくなるかもしれない。平和ボケという言葉がありますが、人を軽蔑した表現だと思います。

メディアリテラシー（メディアに対する見方）も、若い人には培ってほしいです。今はメディアというのが、体制批判をしなくなりました。本来メディアには、権力を監視する役割があるのですが、逆に権力に使われて、権力の広報機関になりつつあるなと感じます。テレビは特にそうですが、免許権を政府が握っていますから、これはある意味、仕方のないことかとも思います。新聞も同じで、戦前は紙の配給で脅かされました。戦前には、新聞社はたくさんあったのですが、1県1紙になったのです。広島でも中国新聞以外もたくさん新聞社があったのですが、中国新聞1社になりました。それは外圧による統合で、そこには紙の配給問題が絡んでいたのです。

**⑫同調圧力**
組織などの集団の中で起きる強制の力。少数意見を持った人に対し、周囲にいる多数意見を持つ人と同じように考えたり行動することを、暗黙のうちに強制すること。

私はメディアの在り方に関して、良くなったと思うことよりも、悪くなったと感じることの方がたくさんあります。例えば、テレビのニュースキャスターで、ちょっとした批判的な発言をした人たちは、みな降ろされています。毎日新聞社の特別編集委員を務め、テレビの常連だった岸井成格さんや、ＮＨＫでは国谷裕子さんがその例でしょう。要するに批判的なことを言うとみな、官邸から抗議される。そういう意味で、メディアがかなり萎縮しているのは事実です。

別の側面ですと、広告で締め上げられたりもします。気に入らないと広告を出さない。圧力をかけるために、いろいろな手を使っています。新聞社も、印刷部門では政府広報誌を印刷している社もあるから、立場が弱いです。またネットメディアの発展に伴って、既存メディアは広告収入などで大きな影響を受けています。

こうしたこともあって、反骨精神をもつジャーナリストが働きづらくなってきているのです。

私は新聞記者でしたから、自分の経験から言わせてもらうと、新聞記者というのは「人の不幸で飯を食っている」、その自覚がまず必要だと思います。過去の歴史を振り返ると、例えば、戦争があったら新聞は売れるのです。事件・事故があると新聞は売れる、そういうものだという、その自覚が必要です。もう一つ大事なことは、「世のため人のため」ということです。自分たちの仕事というのは、世の中を前進させるために役立つ、そういう志を持つことが、原点だと私は思います。

本当は、「志を持つ」ことだけでいいと思うのですが、志をもつ中で傲慢になってはいけません。新聞記者というのは、ある意味、ペンで人を殺すことができるのですから。そういう意味で謙虚さを持つためには、人の不幸で飯を食っていることを忘れず、そのペンを通じて世のために、人のためにこの仕事をしているのだという意義づけをすることが大切です。

どんな仕事でも、社会のためにということは、あると思います。メディアが存在する理由があるとすれば、決して飯を食うためではなく、世の中のため、また世の中を前進させるためで、そのために仕事しているんだという志を、忘れてはいけないのです。

ですが、難しい問題も起きてきます。権力者からおれの言うことを聞けとか、ペンを曲げろとか言われると、仕方ないので言う通りにするか、それとも反抗するか、あるいは辞めていくか、この三つしかないということです。そういうことを絶えず自問自答しながら、仕事をしていかなければなりません。いま必要なのは、企業の中での記者の立ち位置です。記者がジャーナリストとして自立できるかどうか。そういう方向への努力の積み重ねがない限り、記者は結局、企業の奴隷の地位から脱却できないのです。

先日、亡くなった元毎日新聞社政治部記者の西山太吉さん。政府を批判して、首になって、逮捕されて、可哀そうでした。ただ、情報入手した手段が、情を通じてということだったので世間から批判されたのですが。本来、新聞記者というのは、取材のためには人殺しと放火以外は何をやってもいいといわれているのです。半分冗談ですが、それくらい頑張れということです。だから西山さんは、情報を得るために情を通じたという……。それで密約の方がパーになってしまいました。

　パーといえば、すべてをパーにする方法には戦争があります。日銀の金利の問題もそうだし、積み残しになっている安倍時代の問題も、統一教会のこともそうです。これをなかったことにするのが、戦争なのです。自民党の今までの不祥事や失敗をすべてなかったことにするには、戦争しかないのだと考えている人がいるのではないでしょうか。あんなに一生懸命、戦争の準備をするというのはそういうことではないかと、疑いたくなります。戦争になれば、いろいろなことが吹き飛びますから。インフレが進んでいる中で、国債をたくさん発行してつくった今の借金も、すべてなかったことになります。

　勘ぐりすぎかもしれませんが、ひょっとしたら、それくらいのことを考えているのかなと思うほど、戦争へ向けて傾倒しているような気がします。しかもそれを、アメリカが煽ってきています。

## ■今こそ「戦争反対」の声を上げよう

2016（平成28）年、オバマ大統領が広島を訪問した時、核兵器のない世界を目指すと強調しました。その一方で、オバマ政権は、抑止力を維持するため核兵器の近代化⑬を図るということで、30年間で1兆ドル（約109兆円）以上を投じる計画を最初に承認したのです。バイデン政権は、この計画を見直す意向を示し、予算も削減する方向になっていくということですが。

地球上にはまだ、1万2520発の核弾頭⑭があります。また、建設中を含めて約500基の原子力発電所があり、これまでスリーマイル島（アメリカ）、チェルノブイリ（ウクライナ）、フクシマなど、多くの重大事故を起こしてきました。そのため、原子爆弾の被害者だけでなく、多くの被曝者が世界中で増え続けています。アメリカ・ネバダ州の核実験場から始まって、広島、長崎、第五福竜丸⑮と続き、朝鮮半島、中国、カザフスタン、ロシア、ウクライナ、アフリカ、オーストラリア、南太平洋の島々、インド、パキスタン、フクシマ

**⑬核兵器の近代化**
米国は1992（平成4）年を最後に核実験を停止しているが、所有する核兵器を維持するため「保有核兵器管理計画」をスタートさせ、変更、改良、運用年数の延長を進めている。操作性を向上し、安全性を高め、運用年数を延ばすために新しい技術を取り込み、「近代化」を図っている。

**⑭核弾頭**
ミサイルや魚雷などの先端に取り付ける核爆発装置。一般的には、核弾頭と、それを搭載するミサイルなどを組み合わせたものを核兵器と呼ぶ。

**⑮第五福竜丸**
1954年3月1日、米国はマーシャル諸島ビキニ環礁で水爆実験を実施。強い放射能を帯びた「死の灰」が、爆心地より160キロ離れた公海上で操業していた遠洋マグロ漁船「第五

と、地球上のいたるところにヒバクシャがいます。私たちは紛れもなく、戦時・平時を問わず、核の脅威の下に生きています。

特に核兵器の場合は、いったん使用されれば、地球は破滅し、人類は滅びるのです。

米国の「核科学者紀要」[16]は先日、世界終末時計[17]の針は、地球破滅まで90秒を指していると発表しました。昨年より10秒、縮まっています。

核兵器の使用につながる戦争は、絶対に避けなければなりません。そして人類が生き残るためには、広島・長崎に象徴される戦争の悲惨な事実を明らかにし、その記憶を世界が共有することによって、正義と人間性に対する正常な感覚と理性を取り戻さなければなりません。

核戦争を防ぐということは、戦争をしないということに尽きると思います。戦争反対の声を上げ続けることが、広島で生きる者の責務です。今を「新しい戦前」にしてはなりません。「永遠の戦後」にしていかなければならないのです。

福竜丸」（静岡・焼津市）に降り注ぎ、乗組員23人が被曝。約半年後、無線長だった久保山愛吉さんが亡くなった。

**⑯核科学者紀要**　核兵器をはじめとする大量破壊兵器や気候変動問題など、人間社会への脅威となる科学技術上の問題を扱う米国の原子力科学者会報。原子爆弾の開発・製造に関わった科学者らを中心に、広島・長崎への原子爆弾投下後の１９４５年12月に創刊された。

**⑰世界終末時計**　核科学者紀要が毎年発表しているもので、核戦争などによる人類の滅亡の時を午前0時とし、そのときまでの残り時間を「あと何秒（分）」という形で象徴的に示している。ロシアのウクライナ侵攻により、２０２３年は残り時間が90秒となった。

平岡　敬（ひらおか たかし）

1927 年大阪市生まれ。少年～青年時代を京城と広島で過ごす。

早稲田大学第一文学部卒業後、1952 年中国新聞社入社。同社編集局長、中国放送社長などを経て、1991 年より広島市長を 2 期 8 年務めた。

記者時代から原爆と平和問題に取り組み、市長時代の 1995 年には、オランダ・ハーグの国際司法裁判所で、核兵器の国際法上の違法性を強く訴えた。「原爆ドーム」の世界遺産登録にも尽力。

【著書】『偏見と差別』（未来社）、『無援の海峡』『時代と記憶』（影書房）、『希望のヒロシマ』（岩波書店）など。

●装　　幀　　スタジオギブ
●本文 DTP　　大原 剛　角屋 克博
●カバー写真　　中野 一行
●脚注作成　　桂 寿美江
●テープ起こし　　西岡 真奈美
●聞 き 手　　南々社編集部＋桂 寿美江

君たちは平和をどう守るのか
95歳、元広島市長からのメッセージ

2023 年 11 月 20 日　初版第 1 刷発行

著　　者　平岡 敬
発 行 者　西元 俊典
発 行 所　有限会社 南々社
〒 732-0048　広島市東区山根町 27-2
TEL 082-261-8243　FAX 082-261-8647
印刷製本所　株式会社 シナノ パブリッシング プレス


ISBN978-4-86489-164-6